一口气读完
50本
管理学巨著

王胜起　袁琴　席建鹏／著

化学工业出版社

· 北 京 ·

内 容 简 介

本书精选50本全球畅销管理学著作，涵盖领导力与决策能力、团队管理与企业文化、战略管理与竞争优势、市场营销与创新以及个人发展与时间管理五大核心领域，并对每一本书的核心观点进行提炼，再结合经典案例和实际应用，帮助读者快速掌握管理精华。本书以简明扼要的方式呈现复杂的管理概念，能够让读者在短时间内获取更多的信息，成为应对职场挑战的"管理达人"。

图书在版编目（CIP）数据

一口气读完50本管理学巨著 ／ 王胜起，袁琴，席建
鹏著. -- 北京 ：化学工业出版社，2025. 9. -- ISBN
978-7-122-48457-4

Ⅰ. C93-49

中国国家版本馆CIP数据核字第2025CP2349号

责任编辑：夏明慧 　　　　　　　　　文字编辑：史燕妮　杨振美
责任校对：王鹏飞 　　　　　　　　　装帧设计：盟诺文化

出版发行：化学工业出版社（北京市东城区青年湖南街13号　邮政编码100011）
印　　装：三河市双峰印刷装订有限公司
710mm×1000mm　1/16　印张15$\frac{1}{2}$　字数216千字　2025年9月北京第1版第1次印刷

购书咨询：010-64518888 　　　　　　　售后服务：010-64518899
网　　址：http://www.cip.com.cn

定　　价：68.00元

你是否曾经为自己的职业瓶颈感到焦虑？你是否常常在工作中感到迷茫、不知所措？你是否希望能够快速突破现状、超越他人，成为团队中的领袖、事业上的赢家？你是否想带领组织或企业创造商业上的传奇？

无论你的出发点是哪一个，这本书都将是你不可或缺的"管理智库"。

在这本书里，我们拆解了50本管理学方面的著作，它们堪称全球管理领域的"金字塔顶尖"。无论你是职场新人，还是资深高管，都能够从这些书中汲取力量，拥有领导力、战略眼光、决策力、创新力等与成功相关的关键要素。它们的价值远超传统意义上的"书本知识"，它们是管理学上的经典之作，是你成就卓越的原动力。

管理学的智慧：为何这50本书如此重要？

如果你想在复杂的商业环境中立于不败之地，如果你希望精准地把握机遇，迅速应对挑战，那么管理学的智慧将是你强大的武器。而这50本书正是你进入管理学殿堂的"必修课"，它们是全球顶级企业家、管理者与学者推崇、实践验证过的经典之作。它们不仅能够帮助你从战略的高度审视世界，还能为你提供具体可操作的管理方法和实战技巧。

这些书代表了管理学领域深刻的洞察与前沿的理念。从吉姆·柯林斯的《从优秀到卓越》到彼得·德鲁克的《卓有成效的管理者》，从克莱顿·克里斯坦森的《创新者的窘境》到史蒂芬·柯维的《高效能人士的七个习惯》，这些书不仅影响了无数商业领袖，也深刻改变了全球企业的运作模式。它们的地位就如同管理学领域的基石，建立了我们对管理学本质的认识，影响了全球企业管理的思维方式。每本书蕴藏的都是经过实践验证的管理智慧和深刻洞察。掌握它们，你就掌握了迈向卓越的钥匙。

打破职场瓶颈，从这50本书中汲取力量

你是否曾在职场中感到自己的努力被埋没？你是否发现自己无法突破某些限制，始终停留在一个阶段？你是否困惑于如何带领团队前行，如何应对职场中的复杂局面？你是否渴望拥有领导力，能够影响他人，带领团队走向成功？

这些问题的背后，往往隐藏着管理学中的深刻智慧。通过这50本书，你将迅速获得改变的动力和方法。

在这本书里，我们将这些管理学巨著的核心思想进行提炼与总结，帮助你快速吸收管理知识的精华。每一本书背后，都是作者对管理实践深刻思考的结晶，它们可以为你提供从战略制定、团队建设，到个人领导力提升、企业创新等一系列全方位的思维框架和实战技巧。

例如，《高效能人士的七个习惯》教你如何通过个人素养的提升做到事半功倍，快速提高自己的执行力；《从优秀到卓越》为你提供了一套明确的战略体系，帮助你明确方向，突破瓶颈，迈向卓越；《领导梯队》为你揭示了从普通员工到管理者、从中层到高层的晋升路径，让你清楚每个阶段应具备的关键能力。

这些书的价值，不仅仅是知识的堆砌，而是通过深刻的思想，带给你管理的直觉与智慧。你会发现，原来管理不仅仅是技术，更是一种艺术，一种通过深刻洞察和精准决策创造价值、带领他人塑造未来的能力。

值得借鉴的企业案例

在这本书中，我们不仅带你走进管理学的经典理论，还为你呈现了超过300个真实的企业案例，这些案例来自全球极具影响力的公司，包括谷歌、苹果、微软、特斯拉、亚马逊、Facebook、迪士尼等世界级公司。它们涵盖了不同行业、不同规模的企业，从初创公司到跨国巨头，从传统企业到新兴科技企业，每一个案例都是管理智慧的生动体现。

为什么案例如此重要？因为理论只有在实际应用中才能展现出它真正的价

值。无论你是在一家刚刚起步的小公司，还是在全球知名的大企业工作，管理理论的精髓最终都需要通过实际操作来验证。通过这些案例，你不仅能够看到管理思想如何在现实中发挥作用，还能从中学到具体的管理策略和方法，让你少走一些弯路。

通过这些生动的企业案例，你不仅能学到抽象的理论，还将掌握一系列可以直接应用到日常管理工作中的实用工具和技巧。从如何设计高效的组织架构，到如何进行市场定位与品牌管理；从如何优化供应链管理，到如何通过数据分析做出战略决策；从如何培养创新文化，到如何应对企业发展中的危机，这些管理智慧将帮助你在职场中事半功倍，甚至为你自己的事业开辟全新的道路。

这本书展现了管理学的核心价值——它不仅是一套理念和理论，更是一种可以付诸实践的工具，它帮助企业解决实际问题，推动组织成长。在这本书中，你不仅能学到"如何做"，更能学到"为什么要这么做"。这些"为什么"将成为你在未来做决策时最强大的指导。

打开全新的管理学视角

在这50本管理学巨著的引领下，你将看到一个全新的管理学世界。从团队管理到战略布局，从企业文化到创新模式，这些书籍将为你展示管理的全貌，带你进入一个全新的思维维度，打开一扇通向未来的大门。

这本书的每一页，都充满了时代的智慧与实践的力量。你不需要从零开始，也不必再为复杂的管理学理论感到困惑。通过这本书，你将快速了解并掌握每本经典著作的精髓，学会如何把管理学的知识转化为实际操作，进而应对职场中的各种挑战。

无论你是想提升个人工作效率，还是想带领团队实现目标，抑或是想实现成功的市场营销，甚至是要推动企业战略转型，这50本书中的知识都将成为你无往不胜的"秘密武器"。它们不仅仅是管理学的经典，还代表了全球顶级管理者的思想与实践。

现在，翻开这本书，你将不再是管理的旁观者，而是一个正在积极塑造自己未来的管理者。从这50本管理学巨著中汲取力量，让它们成为你成就卓越的指南和动力源泉。

你准备好了吗？

著　者

2025年3月

目录

3 第三部分
战略管理与竞争优势

4 第四部分
市场营销与创新

5 第五部分
个人发展与时间管理

1

第一部分

领导力与决策能力

01 《从优秀到卓越》（吉姆·柯林斯）
——如何从"还行"变成"哇哦"？

《从优秀到卓越》是管理学领域的一部经典巨著，吉姆·柯林斯（Jim Collins）通过严谨的研究，揭示了企业从平庸迈向卓越的秘密。这本书基于对28家企业长达5年的深入研究，分析了它们如何实现质的飞跃。柯林斯通过数据和案例明确提出，卓越并非偶然，而是通过正确的战略、文化和行动一步步实现的。接下来，就让我们一口气读完这本书最核心的观点吧！

第五级经理人：谦逊而坚定的领导者

卓越企业的领导者并非张扬自信的英雄式人物，而是具有谦逊品质又坚韧果敢的第五级经理人。这类领导者关注企业的长期利益，而非个人名誉。他们愿意倾听团队的声音，同时能够在关键时刻果断决策，带领企业穿越风暴。

福特汽车公司的前CEO（首席执行官）艾伦·穆拉利在接手公司时，福特汽车正面临巨额亏损，濒临破产。但穆拉利并未依靠夸张的市场宣传，而是聚焦于企业核心业务，推动"一个福特"（One Ford）战略，砍掉低效项目，重整团队文化，让公司逐步摆脱危机。这种低调务实的领导风格为企业注入了稳定发展的动力。

第五级经理人的关键在于"谦逊"与"坚定"的平衡：既能承认自己的不足，接受现实中的挑战，又能够坚定地推动必要的变革。柯林斯指出，这种领导力是卓越企业的基石。

"先人后事"法则：合适的人才是关键

柯林斯强调："先上车，后找方向。"企业成功的关键在于找到合适的人才，并将他们放在合适的位置上。优秀的人才不仅能应对现有问题，还能主动适应并引领未来。只有拥有了合适的人才，企业才能在不断变化的环境中找到自己的方向。

奈飞（Netflix）在早期阶段并未明确未来的业务方向，但创始人里德·哈斯廷斯坚持招募那些愿意学习并富有创新精神的人才。正是这些人推动了奈飞从租赁DVD公司转型为全球流媒体巨头。

在另一家金融服务公司中，领导团队将重点放在雇佣和培养对客户服务充满热情的员工上。虽然这些员工的技术能力并非最强的，但他们对客户需求的敏锐洞察力和积极的服务态度帮助公司在竞争激烈的市场中建立了良好的声誉。

"先人后事"法则不仅适用于高层管理团队，还应该深入到企业的每个层级。当组织内部充满主动性和适应力强的人才时，企业就能够以更大的灵活性应对来自外部环境的挑战。

刺猬理论：专注于一个核心领域

卓越企业都有一个明确的核心理念，专注于自身擅长并充满热情的领域，避免分散资源和注意力。刺猬理论由三个关键问题组成：

- 你最擅长什么？
- 你对什么充满热情？
- 什么能够成为你经济引擎的驱动力？

这三者的交集构成了企业的核心领域，决定了企业发展的主要方向。

星巴克从一家普通咖啡店转型为全球连锁品牌，因为它明确了自己的刺猬理论：提供高品质咖啡，打造独特的消费体验，并专注于细节管理。由此星巴克形成了难以复制的核心竞争力。

星巴克的创始人霍华德·舒尔茨在构建品牌时，拒绝单纯追求低价策略，而是深入挖掘顾客的真实需求。他认为顾客不只是来买咖啡，更希望获得一种社交氛围与生活方式的体验。通过在每一家门店营造舒适的环境、提供细致周到的服务，星巴克成为"第三空间"的代名词，打破了传统咖啡品牌的局限。

刺猬理论的另一个成功案例是苹果公司。苹果公司专注于"用户体验"和"极致设计"，无论是iPhone、iPad还是MacBook，所有产品都围绕这个核心理念展开。正是这种专注让苹果公司在激烈的市场竞争中始终保持领先地位。

飞轮效应：积小胜为大胜

企业的成功不是依靠单一的变革或灵光一现的创意，而是通过持续的努力积累小的进步，最终产生质变。飞轮效应描述了这种从量变到质变的过程。

亚马逊的成长便是飞轮效应的典范。它从提供海量书籍开始，逐渐扩展到各类商品，同时优化物流和客户体验，通过持之以恒的投入成为全球电商巨头。这一过程看似缓慢，但积累的势能最终带来了爆发式增长。

一个相关的细节是亚马逊通过会员服务Amazon Prime推动了飞轮效应。Prime会员不仅享受快速配送服务，还可以获得独家的流媒体内容和其他福利。这种服务增强了客户的黏性，进一步提高了订单量，同时也为亚马逊的物流系统提供了更多优化的机会。

飞轮效应的核心在于"持续性"和"耐心"。卓越企业不会追求短期的快速成功，而是专注于长远目标，将每一次小的胜利融入企业发展的整体框架中。

正视现实：残酷事实与坚定信念并存

卓越企业敢于面对现实中的残酷事实，同时保持不屈不挠的坚定信念，坚持在逆境中寻找突破口。正视现实并非悲观，而是为正确的行动铺平道路。

　　一家传统零售企业在面对电商崛起和实体店客流锐减的冲击时，坦然接受了这一严峻现实，并迅速调整业务模式，推出线上平台，同时加强线下体验式服务，最终成功实现了转型。

柯林斯提到，正视现实的另一个重要方面是数据的使用。卓越企业利用数据分析洞察问题的本质，并以此为基础做出战略决策，而不是依靠直觉或盲目的乐观。例如，波音公司在面对航空市场需求萎缩的态势时，通过详尽的数据分析，重新调整生产线和研发项目，从而避免了更大的经济损失。

技术加速器：技术是手段，不是目的

卓越企业善于利用技术来推动核心业务的发展，但它们从不盲目追求技术潮流。技术被视为实现战略目标的加速器，而不是企业的核心目标。

　　耐克并非最早进入数字化进程的运动品牌，但它明确了技术的服务目标——通过数据帮助用户提升运动表现。Nike+平台通过数据分析，为用户提供个性化的运动建议，从而赢得了消费者的信赖。

另一个案例是特斯拉。虽然特斯拉被许多人认为是一家科技公司，但它的技术应用始终围绕核心目标展开，即通过电动汽车的普及来推动可持续发展。无论是自动驾驶技术还是超级充电站网络，这些技术创新都直接服务于特斯拉的

核心目标。

文化自律：打造高度自律的组织

卓越企业具有严格的纪律文化，员工不仅遵循规则，更主动保持高标准的工作习惯。在这种文化驱动下，企业能够高效运转，持续创新。

丰田汽车以"精益生产"闻名，通过严格的流程控制和持续改进文化，确保每一辆车的高品质和低成本。在丰田，所有员工都有权暂停生产线以解决潜在问题，这种纪律文化创造了持久的竞争优势。

纪律文化的意义在于，它不仅提高了效率，还减少了内部摩擦，使整个组织能够更专注于实现共同目标。例如，谷歌在员工管理中强调"自律性"，通过给予员工充分的自主权和创造空间，推动创新文化的持续发展。

飞跃点：从优秀到卓越的转折

柯林斯提出，企业迈向卓越的关键是找到自己的飞跃点，即那些能够打破平庸局限的关键战略或行动。这通常需要明确的方向、坚定的执行力以及持续的耐心。

苹果公司在推出iPhone之前，虽然已经在科技领域小有成就，但尚未达到卓越。凭借对用户需求的深入洞察和对创新的极致追求，iPhone成为其飞跃点，将苹果公司推向全球科技行业的巅峰。

飞跃点的实现还需要团队的高度协作，以及对外部机会的敏锐洞察力。例如，在零售业中，Zara通过快速反应的供应链和时尚敏感度，成功抓住了快时尚的市场机会，成为行业领先者。

02 《卓有成效的管理者》（彼得·德鲁克）
——如何从"忙碌的平庸者"变成效率高手？

彼得·德鲁克（Peter F.Drucker）被誉为"现代管理学之父"，其思想深刻影响了全球的企业管理实践。《卓有成效的管理者》是他最具代表性的重要著作之一。这本书专注于揭示卓有成效的管理者的行为习惯和思维方式，旨在帮助管理者提高效率和效能。德鲁克强调，卓有成效不是天赋，而是一种可以通过学习和实践培养的能力。这本书对时间管理、任务聚焦、决策制定等关键领域提出了系统的指导，是管理者不可或缺的实用指南。以下是本书的核心观点与实际案例分析，让我们一起探索如何成为卓有成效的管理者。

以贡献为导向：明确目标与结果

在德鲁克看来，卓有成效的管理者始终聚焦于组织的目标，并将个人工作与组织目标紧密结合。他们问自己"我的工作对组织和团队的贡献是什么"，而不是局限于完成既定任务。

一家科技初创公司在发展早期，创始人明确了首要目标是获得市场份额，而不是过早追求利润。管理团队因此集中精力开发用户真正需要的功能，而非分散资源在其他项目上。这种以贡献为导向的思维帮助公司在竞争激烈的市场中迅速站稳了脚跟。

以贡献为导向的核心在于从整体视角看待工作，通过明确每项任务对最终结果的作用，管理者可以有效避免陷入低价值活动的陷阱。德鲁克指出，这种方法不仅提升了个人效率，也让团队更加协调一致。

善用时间：将时间用于高价值活动

德鲁克认为，时间是管理者最稀缺的资源，卓有成效的管理者必须高度重视时间管理。他们会定期记录和分析自己的时间使用情况，确保将更多时间投入高价值的战略性工作中。

某制造企业的一位经理发现自己每天耗费大量时间处理琐碎的邮件和低优先级的会议。他通过分析时间日志，重新调整工作安排，将每天工作的前两个小时专门用于制定关键项目的策略规划。通过这种方式，他显著提升了部门的整体绩效。

德鲁克建议，管理者应在时间管理中坚持"三问"：

· 我的时间花在了哪里？

· 这些活动是否必要？

· 哪些活动可以由他人代替完成？

这些问题帮助管理者集中精力于最重要的任务。

优先事项：聚焦少数关键任务

卓有成效的管理者懂得优先处理对组织影响最大的事项，而不是试图完成所有任务。他们擅长区分"重要"和"紧急"，并坚持将主要精力投入到最重要的领域。

例如，在一家快消品（快速消费品）企业中，销售经理面临多项任务的冲突，包括新产品的市场推广、客户投诉处理和团队培训。他选择优先推动新产品的市场推广，因为这项任务直接关系到季度业绩目标。通过聚焦关键任务，他成功带领团队完成销售目标。

优先事项的核心在于明确哪些任务能够带来最大的影响，而不是被日常琐事牵制。德鲁克强调，管理者应学会拒绝低价值任务，为真正重要的工作腾出时间。

有效决策：基于事实和原则行事

德鲁克指出，卓有成效的决策需要建立在清晰的事实和明确的原则之上，而非情绪或个人偏好。管理者应当善于倾听不同观点，识别问题的本质，做出符合组织长期利益的决策。

一家零售连锁企业计划关闭部分表现不佳的门店。管理层通过详细分析每家门店的销售数据、成本结构和客户流失率，最终选择关闭那些潜力较小的门店，而不是单纯依据地理位置或个别意见做决策。这种基于数据的决策方法确保了公司资源得到更有效的分配。

有效决策还需要管理者对风险和收益有清晰的权衡。他们不会被短期利益迷惑，而是从长期视角评估决策的后果，确保每个决定都符合组织的核心价值观。

发挥员工优势：用人所长而非纠正弱点

德鲁克强调，卓有成效的管理者会发现并放大员工的长处，而不是过度关注他们的不足。他们通过将合适的人放在合适的岗位上，激发团队的潜力。

某互联网公司的一位团队负责人发现一名技术员工在与客户沟通时表现欠佳，但在算法开发上有极强的天赋。他调整了该员工的职责，使其专注于核心算法的开发工作，并安排其他同事负责客户沟通工作。这一调整不仅提升了团队效率，还增强了员工的工作满意度。

德鲁克指出，用人所长是管理者最重要的能力之一。通过识别每位员工的核心优势并为其匹配适当的工作，管理者不仅可以提高团队整体绩效，还能激发员工的职业热情。

自我管理：持续学习与反思

德鲁克认为，卓有成效的管理者需要具备高度的自律性。他们善于评估自己的表现，识别改进空间，并通过持续学习提升能力。自我管理不仅让管理者保持成长，也为团队树立了榜样。

一家银行的一位分行经理在年度绩效评估中发现自己在数字化转型项目中表现平平。他主动报名参加了数据分析课程，并定期与行业专家交流，最终在下一年度成功主导了多项数字化改革。

德鲁克还建议，管理者应定期进行自我反思：我是否专注于真正重要的事情？我是否在重复低效的行为？这种持续的自我管理能力让管理者能够在快速变化的环境中保持适应力和竞争力。

03 《领导力 21 法则》（约翰·C. 麦克斯韦尔）
——如何从领导升级成为"领袖"？

约翰·C.麦克斯韦尔（John C. Maxwell）是全球公认的领导力大师，他在自己的著作《领导力21法则》中总结了21条领导者不可或缺的核心法则，旨在帮助个人和组织实现卓越领导。这些法则基于几十年的实践经验与研究，为任何想要提升领导力的人提供了系统的指导。接下来，就让我们一起看一下这21条伟大的法则。

盖子法则：领导力决定团队的上限

麦克斯韦尔指出，团队或组织的成就高度由领导者的能力决定。领导者的能力越强，组织的发展潜力越大。如果领导者无法突破自己的能力局限，整个团队的发展也会受到限制。

一家初创科技公司拥有优秀的工程团队，但因创始人在战略决策上的能力有限，企业的扩展始终受阻。后来，创始人邀请了一位具有丰富管理经验的CEO加入公司。新任领导者不仅制定了清晰的发展战略，还成功吸引了更多投资，帮助公司快速成长。这体现了盖子法则的核心意义：领导力提升了团队的上限。

盖子法则的本质在于，领导者需要持续突破自己的能力上限，不断学习和成长，才能为团队带来更大的发展空间。

影响力法则：领导的本质是影响力

领导力不是职位或头衔的象征，而是领导者通过影响力来实现对团队的引领。真正的领导者能够激励和引导他人，使其共同朝着目标努力。

一位普通的项目经理，通过日常的行为和决策赢得了团队的信任。他总是主动倾听团队成员的意见，并积极解决问题。虽然他的职位没有变化，但整个团队都愿意追随他的方向，这正是影响力法则的最佳体现。

领导者的影响力来自持续的诚信和能力积累，这种影响力需要时间和耐心来建立，但一旦形成，就会成为团队前进的强大驱动力。

授权法则：信任他人并授予权力

领导者并非事事亲力亲为，而是通过授权他人来实现更高的效率。授权不仅能够释放领导者的精力，还能激发团队成员的潜能。

一位学校校长面对繁多的管理事务，选择将后勤管理交由副校长全权负责。通过这一举措，他不仅减轻了自己的负担，还让副校长发挥了更多的领导才能。这体现了授权法则的核心：领导者通过信任和支持他人，让整个团队运转更加高效。

授权法则还强调领导者需要提供明确的目标和指导，确保被授权者能够在框架内自由发挥，同时为其成长创造机会。

亲和力法则：领导者首先需要赢得人心

麦克斯韦尔认为，领导者只有赢得团队成员的信任和尊重，才能真正带领他们前进。亲和力法则强调了情感连接在领导中的重要性。

　　一家餐饮连锁店的区域经理定期与员工举行非正式的沟通会议，了解他们的需求和困惑。他还主动参与一线工作，与员工一起服务客户。这种平易近人的领导风格赢得了团队的高度认可和忠诚。

亲和力法则的背后是同理心和倾听能力，领导者需要展示真诚的关怀，以建立深厚的团队信任。

直觉法则：领导者依靠直觉洞察全局

优秀的领导者能够通过直觉洞察复杂局势，识别关键机会和潜在风险。但是这种准确的直觉并非完全依赖天赋，而是长期经验积累的结果。

　　某电商平台的运营总监通过分析数据和市场变化，依靠直觉判断某个节日期间会有大幅度的销售增长。他迅速调整了库存计划并加大了营销力度，结果公司在节日期间实现了销售额的翻倍。这种基于直觉的决策为公司创造了巨大的价值。

直觉法则表明，领导者需要不断磨炼自己的专业判断力，使直觉成为科学和经验的结合体。

导航法则：领导者决定团队的方向

麦克斯韦尔指出，优秀的领导者就像一艘船的舵手，负责为团队指引正确的航向。一个有远见的领导者，能够提前预见挑战和机遇，帮助团队避开风险，顺利达成目标。

一家零售公司的高管在行业面临数字化转型时，果断推动线上业务布局，提前规划供应链数字化改革。当市场环境发生巨大变化时，该公司已在数字化运营中占据优势，稳步扩大市场份额。这正是导航法则的体现：领导者的决策关乎团队未来的发展方向。

导航法则的核心在于领导者的前瞻性和决策力，优秀的领导者不仅能看清现状，还能准确预测趋势，带领团队走向光明的未来。

磁性法则：你吸引的团队与你的能力相匹配

领导者往往会吸引和自己能力相似的人，如果领导者自身优秀，他会吸引高素质的团队成员；如果领导者的能力不足，他可能只能吸引平庸的追随者。

一位年轻的创业者在初期投入大量精力提升自己的技能和影响力，吸引了许多志同道合且能力出众的合伙人和员工。他们的加入让企业迅速走上正轨并实现了快速发展。

磁性法则强调，领导者自身的品质直接决定了团队的整体水平，吸引优秀的人才需要领导者本身具备足够的吸引力。

内圈法则：领导者的成功依赖核心团队

领导者的内圈，即最亲密的核心团队成员，直接影响其决策和整体执行效果。一个优秀的内圈是领导力得以发挥的关键支柱。

某家初创公司在快速扩展时，创始人依靠一支经验丰富且忠诚的核心团队来解决复杂问题。通过与内圈成员的紧密合作，公司稳步扩展并成功上市。

内圈法则强调，领导者需要精心挑选和培养核心团队成员，让他们在关键时刻提供支撑。

增值法则：领导者的价值在于提升团队成员的能力和自信

领导者不仅仅追求个人成功，还通过帮助团队成员成长来实现更大的成就。麦克斯韦尔强调，领导力的真正价值体现在不断提升团队的能力和自信，让每个成员都能发掘潜力、实现突破。

一家跨国公司的一名部门经理，定期为团队成员制订个性化成长计划，并鼓励他们尝试不同岗位的工作。几年后，团队中多位成员升职为公司高管，带动整个部门的持续成长。这正是增值法则的体现：领导者通过持续帮助他人成长，提升了整个团队的价值。

增值法则的关键是培养和赋能团队成员，让他们在领导者的帮助下成为更优秀的自己。

动量法则：成功带来更多成功

动量是团队效率和动力的催化剂，一旦建立了积极的动量，团队将以更快的速度向目标前进。领导者的任务是发现并维持这种动量，使团队在发展的道路上始终保持热情和动力。

某销售团队在一个季度超额完成目标后，领导者没有让团队停下来庆祝太久，而是立即召开总结会，分享成功的经验，并设立更高的目标。通过这种方式，他成功地将已有的动量转化为持续的动力，使团队在接下来的季度中再创佳绩。

动量法则提醒领导者，只要团队的热情和专注力被持续激发，成功是可以被放大的。

优先级法则：关注最重要的事情

优秀的领导者懂得识别和专注于优先级最高的事项，避免分散精力。麦克斯韦尔认为，领导力的关键在于判断力，而对优先级的判断正是其中的重要组成部分。

一位部门经理通过区分"重要"与"紧急"事项，优先解决影响全局的问题，而不是被琐事牵绊。他制定了清晰的任务清单，并鼓励团队成员也按照优先级工作。这种专注于优先级最高的事项的策略使团队整体效率提升了30%。

优先级法则帮助领导者聚焦于那些能够为组织带来最大影响的任务，从而实现资源的最优分配。

时机法则：正确的决策需要把握时机

麦克斯韦尔指出，领导者不仅需要做正确的事情，更要在正确的时间做。即便是再好的决策，时机不对也可能导致失败。

一家传统零售企业在市场低谷时果断收购了一家电商平台，此时正处于线上消费风口期到来前夕。这一决策帮助公司用较低的成本实现了线上业务的成功转型，销售业绩稳步增长。而另一家竞争对手因决策过晚，错失了市场良机，业绩发展长期受挫。

时机法则强调：领导力不仅是眼光，更是对时机的精准把握。懂得等待并抓住出击的时机，才是卓越领导者的标志。

过程法则：领导力来自日积月累，而非一日之功

领导力并非一蹴而就，而是通过持续的学习、实践和反思不断培养。领导者需要在长期的成长过程中，不断提高自己的判断力、沟通力和决策力，才能在关键时刻展现卓越的领导力。

　　一家初创公司的产品经理，在刚开始担任管理角色时屡遭挑战，团队沟通不畅、项目进展缓慢。但他并没有被困难击倒，而是通过反思和学习，不断优化工作方式，提升管理技能。几年后，他从一名普通管理者成长为公司的核心领导者，带领团队完成了多个重要项目。

过程法则的核心在于持续成长。领导者需要有耐心和毅力，才能不断攀登更高的领导力阶梯，最终走向卓越。

根基法则：信任是领导力的根基

麦克斯韦尔认为，信任是领导力的基石。一个领导者如果失去了团队的信任，那么无论他多么有才华，也难以带领团队取得长期成功。

　　一家科技公司经历管理层动荡后，员工士气低落。新任CEO并没有急于制定新的经营战略，而是通过坦诚沟通、落实承诺和提高决策透明度，逐步重建了团队对管理层的信任。公司因此恢复了活力，业绩稳步增长。

根基法则的核心在于：信任的建立需要时间，但一旦形成，将成为团队稳定和高效运转的基础。

尊重法则：人们通常愿意追随比自己强的领导者

在组织当中，人们往往愿意追随那些在能力、品格或远见上胜过自己的领导者。麦克斯韦尔强调，领导者只有在团队成员心目中赢得足够的尊重，才能真正建立影响力。

一家体育俱乐部的教练不仅拥有丰富的实战经验，还在关键时刻总能做出明智的决策。他的专业能力和坚定品格让队员们由衷敬佩，最终带领球队取得联赛冠军。

尊重法则提醒我们：领导者要不断提升自我，赢得团队的尊重，才能获得长久的影响力。

镜像法则：看到别人怎么做，大家也会怎么做

在一个组织里，团队成员往往会模仿领导者的行为。这一点提醒我们：领导者的每一个行动都有可能成为团队文化的榜样，影响团队成员的行为。

某企业高管始终以身作则，每天早上第一个到办公室，并亲自检查工作进度。团队成员受到他的影响，逐渐养成了高效、认真工作的习惯，整个部门的生产力显著提高。

镜像法则的核心是榜样力量。领导者必须始终保持正面行为，因为他们的行动将塑造团队的整体风貌。

接纳法则：人们先接纳领导者，然后接纳他的愿景

麦克斯韦尔指出，团队成员通常不会直接接纳一个新理念或愿景，除非他们首先信任并接纳提出愿景的领导者。

一家公益组织准备推动一项新的环保项目，但初期遭遇了内部阻力。组织的负责人并没有急于说服团队，而是花时间与每个成员进行沟通，倾听他们的想法，分享自己的初心和长期愿景。通过真诚而持续的互动，团队逐渐理解了他的决心和战略方向，最终主动加入项目，共同推动计划落地。

接纳法则的关键在于：领导者只有先获得团队的信任，才能成功推动新愿景的落地。

制胜法则：领导者为他的团队找出一条制胜之路

无论在多么困难的处境下，卓越的领导者总能找到一条出路，带领团队取得胜利。

一家制造企业在行业衰退期间遭遇市场困境，在这种情况下，公司的CEO迅速调整策略，努力开拓海外市场，同时优化内部流程，提升产品竞争力。最终，公司不仅成功摆脱了危机，还在国际市场中赢得了新机遇。

制胜法则的核心是：领导者要具备洞察力和决策力，在复杂环境中找到突破口，带领团队走向成功。

舍得法则：领导者必须先"舍"后"得"

麦克斯韦尔指出，真正的领导者懂得放弃短期利益，追求长期回报。领导者在关键时刻的舍弃，往往决定了团队的未来。

一家新兴企业的创始人在发展早期，放弃了与一家大客户的短期合作，因为这会让团队过度依赖单一收入来源。虽然短期内业绩受到影响，但公司因此有了更强的自主创新能力，最终获得了更长远的成功。

领导者需要有战略眼光，敢于放弃眼前利益，才能为未来赢得更大的发展空间。

爆炸性倍增法则：培养追随者，得到相加的效果；培养领导者，得到倍增的效果

麦克斯韦尔强调，领导者最重要的职责之一是培养更多的领导者，而非仅仅培养追随者。

一家企业的负责人不仅专注于提升业务能力，还积极培养部门中的年轻管理者，赋予他们更多的决策权和成长机会。几年后，这些年轻管理者推动了整个公司的快速发展，实现了组织效能的倍增。

通过培养领导者，领导者的影响力将实现几何级增长，推动团队不断壮大。

传承法则：一个领导者的长久价值由其继承者决定

麦克斯韦尔认为，领导者真正的成就不仅在于自己取得的成绩，还在于能否培养接班人，确保组织的长久发展。

一家知名家族企业的创始人在退休前，花费多年时间培养接班人，帮助其熟悉业务，并逐步让其接管核心管理事务。最终，新领导者成功"接棒"，推动公司业绩持续增长，延续了企业的辉煌。

领导者必须考虑长期布局，培养优秀的继承者，才能真正实现领导力的延续。

04 《领导梯队》（拉姆·查兰、斯蒂芬·德罗特、詹姆斯·诺埃尔）

——如何从普通员工走向 CEO？

　　《领导梯队》是一本深入探讨领导力发展路径的经典著作，由三位全球知名的管理学大师拉姆·查兰（Ram Charan）、斯蒂芬·德罗特（Stephen Drotter）和詹姆斯·诺埃尔（James Noel）共同创作。三位作者结合多年的研究与实践，提出了一套清晰的领导力发展模型，为组织和个人提供了全面的领导力培养路线图。这本书的伟大之处在于，它不仅帮助企业识别和培养未来的领导者，还解决了组织中常见的领导力断层问题。通过引入领导梯队模型，企业能够系统化地提升各层级领导者的能力，推动组织长期发展。

领导梯队模型：每一层级的独特挑战

　　在《领导梯队》一书中，作者提出了重要的领导梯队模型，并将领导力的发展分为六个关键阶段：

阶段一：从个人贡献者到团队领导；

阶段二：从团队领导到部门经理；

阶段三：从部门经理到业务总监；

阶段四：从业务总监到事业部负责人；

阶段五：从事业部负责人到集团高管；

阶段六：从集团高管到首席执行官。

每一阶段都有独特的挑战和所需的核心能力。这种分层模型可以帮助企业更清晰地理解领导者在不同层级需要具备的技能和思维方式。

从个人贡献者到团队领导：角色转变的第一步

许多优秀的员工在成为团队领导后感到不适应，因为他们不再是单纯依靠个人能力完成任务，而是需要通过他人达成目标。这是领导力发展的第一步，也是最具挑战性的一步。

某零售公司的明星销售员晋升为店长后，因继续专注于个人销售业绩而忽略了团队管理，导致整体业绩下降。公司通过辅导，帮助他认识到团队成功的重要性，并教授其管理和激励技巧，使他成功胜任新角色。

团队领导的核心能力：

• 学会授权：从事无巨细到分派任务，授权是团队领导的第一步。领导者需要明确分工，同时提供支持，确保团队成员能高效完成工作。

• 建立信任：通过真诚沟通和实际行动，逐步赢得团队成员的信任，为团队合作奠定基础。

• 激励团队成员：了解团队成员的需求和动机，采用个性化的激励方式，激发他们的潜能。

从团队领导到部门经理：跨部门视角的培养

从团队领导晋升为部门经理后，领导者需要学会从局部视角转变为整体视角，理解组织的全局目标，协调多个团队的工作。

一家金融机构的客服主管在晋升为部门经理后，由于缺乏跨部门合作的经验，无法有效协调客户服务与后台支持。公司安排了跨部门的轮岗培训，让他逐渐掌握了系统性思维，最终成功协调各部门，提升了客户满意度。

部门经理的核心能力：

· 系统性思维：从整体视角理解组织运作，识别关键环节和瓶颈，制定更具全局性的方案。

· 跨部门协调：通过有效的沟通和合作解决跨部门冲突，确保目标一致性和资源的高效利用。

· 优化资源配置：合理分配人力、资金和技术资源，确保各部门利用有限资源实现最佳产出。

从部门经理到业务总监：战略思维的培养

业务总监的角色需要在更高层次上进行思考，制定战略方向，同时管理更多的资源和更大的团队。

　　某快消品企业的一位营销经理晋升为全国营销总监后，仍习惯于关注具体的市场活动，而忽视了整体营销策略的制定。通过导师指导和公司提供的战略管理课程，他逐步学会了制定全国范围的营销策略，并优化资源分配，提升了企业的整体市场份额。

业务总监的核心能力：

· 战略规划：从市场趋势和企业内部优势出发，制定中长期发展战略，并确保战略可行性。

· 长期目标设定：明确企业未来的方向和关键成果，并通过阶段性目标让团队持续努力。

· 数据驱动决策：利用数据分析工具和市场信息，支持科学决策，减少主观偏差带来的风险。

从业务总监到事业部负责人：整合与创新的挑战

事业部负责人需要整合多个业务模块，实现协同效应，并在复杂环境中保持创新能力。

某大型汽车企业的一位事业部负责人，通过整合研发、制造和营销部门的资源，成功推出了一款备受市场欢迎的新能源车型。这一成果不仅提升了事业部业绩，也为企业未来的发展奠定了基础。

事业部负责人的核心能力：

·资源整合：将企业内部各类资源进行有效整合，形成协同效应，使整体收益实现最大化。

·创新思维：在竞争激烈的市场中，持续寻找突破点，开发新的产品或服务模式。

·风险管理：提前识别潜在风险，制订应急预案，确保复杂环境下的稳定运营。

从事业部负责人到集团高管：塑造组织文化与推动变革

集团高管需要承担更大的责任，不仅要关注业务，还需要塑造组织文化、推动变革，并确保战略执行。

一家科技公司的事业部负责人晋升为集团副总裁后，因缺乏组织变革经验，未能有效推进新技术的落地。通过参与对行业标杆的学习和公司内的高层培训，他掌握了组织变革的关键要素，成功推动了企业技术转型。

集团高管的核心能力：

· 文化塑造：引导团队形成一致的价值观和行为规范，营造积极健康的组织文化。

· 变革管理：在组织结构调整或新战略实施过程中，推动变革的顺利过渡，减少阻力。

· 领导力激励：通过榜样作用和明确的期望，激励团队在变革过程中保持高效和积极的态度。

从集团高管到首席执行官：全面领导力的巅峰

首席执行官是领导梯队的顶点。CEO不仅需要具备全面的业务知识，还需要平衡内部管理与外部关系，制定企业愿景并带领团队将愿景转化为现实。

一家大型连锁企业的新任CEO在上任初期，通过与董事会、股东和员工的多次沟通，制定了清晰的发展蓝图，并优化了企业内部的管理结构，成功带领公司走出了经营困境。

首席执行官的核心能力：

· 愿景制定：为企业设定清晰的发展方向，激励团队共同为长远目标努力。

· 企业治理：优化组织结构和决策流程，确保企业在内部管理和外部监管中运作良好。

· 危机管理：在突发事件发生时迅速做出判断并采取行动，带领企业从危机中迅速复苏。

书中强调，领导梯队的成功转型依赖于适应能力和持续学习。每个层级的领导者都需要认识到新的责任和挑战，并通过不断吸收新的管理理念与技术，保持竞争优势。

05 《领导力：如何在组织中成就卓越》
（詹姆斯·M. 库泽斯、巴里·Z. 波斯纳）
——如何获得卓越领导力？

《领导力：如何在组织中成就卓越》是詹姆斯·M.库泽斯（James M.Kouzes）和巴里·Z.波斯纳（Barry Z.Posner）联合创作的一本经典管理学著作，自首次出版以来便成为全球领导力培训领域的核心教材。这本书基于两位作者对数千名领导者的深度研究，提出了卓越领导力的五大习惯行为，为每一个希望提升领导力的人提供了切实可行的实践指南。本书的伟大之处在于，它不仅聚焦于高层管理者，还适用于组织中的各个层级。作者以翔实的数据和丰富的案例说明：领导力并非天生，而是一种通过学习和实践可以不断提升的能力。

以身作则：成为榜样

领导者的行为会直接影响团队的价值观和行动方向。卓越的领导者会以自身行动树立榜样，通过诚信和一致性赢得团队的尊重和信任。其核心能力包括：

· 诚信：领导者的行为和言语必须一致，才能获得团队的信任。在关键时刻，诚信是团队凝聚力的基础。

· 一致性：明确团队价值观，并在日常行为中始终如一地体现这些价值观。一致性能够增强团队对目标的认同感。

某国际非营利组织的负责人，为了应对紧急救灾任务，亲自前往灾区，与团队一起分发物资并协调资源。他不仅身体力行地解决了实际问题，还通过自身行动激励了团队成员。这种以身作则的领导方式不仅增强了团队凝聚力，也赢得了受灾地区的高度评价。

以身作则不仅是一种行为方式，更是一种领导哲学。领导者通过亲身参与和示范，可以有效传递组织的核心价值观，并激发团队成员的责任感和归属感。

共启愿景：激励共同的未来

卓越的领导者能够通过清晰而鼓舞人心的愿景激发团队的激情。他们不仅要描绘出令人向往的未来，还需确保每个成员都能理解并认同这一目标。其核心能力包括：

·清晰沟通：能够准确传递愿景，并让团队成员感受到个人与组织目标的连接。清晰的愿景是行动的指引灯塔。

·激励能力：通过语言和行动激发团队的热情，帮助成员看到他们在实现愿景过程中的独特价值。

某科技初创企业的创始人在公司最困难的时期，通过举办全员大会分享公司未来的发展蓝图。他结合真实数据和生动故事，描绘了产品的潜力和行业前景，成功让员工重新燃起对未来的信心，团队士气大幅提升。

共启愿景需要的不仅是战略思维，还需要感性的表达能力。领导者需要善于用故事、数据和实例，将未来图景变得具体而可感知，从而让团队成员对目标充满期待和动力。

挑战现状：推动创新与变革

卓越的领导者不会满足于现状，他们会不断寻找改进的方法，并鼓励团队挑战传统思维模式。其核心能力包括：

·批判性思维：能够客观审视当前流程和结果，找到问题的根本原因，并提出改进方案。

·风险管理：在推动创新的同时，能够有效预见和管理潜在的风险，确保变革的成功率。

某制造公司的生产经理发现传统生产流程存在效率低下的问题，他提出了自动化流程的改革方案并进行了试验。尽管面临初期的质疑和技术难题，他的坚持最终让公司生产效率提升了30%，同时降低了人工成本。

挑战现状并非单纯地追求变化，而是为了实现更高的效率和更好的结果。领导者需要营造一种鼓励创新的环境，让团队成员敢于尝试，并对失败持有包容态度，从而推动组织持续改进。

使众人行：促进合作与信任

卓越的领导者能够营造合作的氛围，培养团队间的信任，使每个人都感受到自己的价值，并愿意为共同目标努力。其核心能力包括：

·团队协作：通过明确分工和高效沟通，确保团队成员在不同角色定位下实现无缝合作，发挥协同效应。

·信任建设：通过透明的决策和真诚的互动，逐步建立深厚的信任关系。信任是团队取得长期成功的基石。

某零售连锁公司的区域经理，在接手一个竞争激烈的市场后，组织了一次团队共创会议，邀请员工共同探讨如何提升客户满意度。他在会上认真倾听每一位成员的意见，并将好的想法付诸实践。这种开放式的沟通平台不仅激发了员工的创造力，还提升了团队凝聚力。

使众人行强调领导者要关注团队中的每一位成员，理解他们的需求和动机。通过建立开放、尊重和支持的文化，团队成员能真正感受到归属感，并在合作中实现更大的目标。

鼓舞人心：认可贡献并庆祝成就

卓越的领导者懂得通过认可和奖励，激励团队成员继续追求卓越。认可不仅能提升团队士气，还能强化组织的积极文化。其核心能力包括：

· 及时反馈：在团队成员表现出色时，立即给予肯定和表扬，让他们感受到自己的努力被重视。

· 庆祝成就：通过庆祝团队的里程碑事件，增强成员的成就感和归属感，激发成员持续努力的动力。

　　某软件公司的项目经理在团队完成一个关键项目后，策划了一次小型庆功宴，并在宴会上公开感谢每位成员的贡献。他还特意为表现突出的员工颁发了奖品。这一举措不仅增进了团队关系，也增强了团队对未来项目的信心。

鼓舞人心需要领导者时刻关注团队的努力和成就，培养一种感恩和欣赏的文化。通过及时的认可与奖励，团队成员会更愿意为目标付出，并在挑战中保持积极的心态。

06 《创新者的窘境》（克莱顿·克里斯坦森）
——如何抓住颠覆性创新的机会？

《创新者的窘境》是克莱顿·克里斯坦森（Clayton M.Christensen）教授的一本经典商业管理著作，也是颠覆性创新理论的奠基之作。这本书从根本上改变了人们对技术变革和市场竞争的理解，帮助企业在面对颠覆性技术时做出更明智的决策。克里斯坦森通过翔实的案例研究和深入的理论分析，揭示了许多原本卓越的公司会在技术变革中失败的原因，并提出了如何应对这些挑战的具体策略。本书的伟大之处在于，它不仅解释了失败的原因，还为企业如何抓住颠覆性创新的机会提供了系统的方法。

颠覆性创新的定义

颠覆性创新通常从低端市场或新兴市场开始，它起初可能不被主流客户所接受，但随着技术的进步和市场的变化，逐渐影响甚至取代了原有的主流市场。

20世纪80年代的硬盘行业，大型硬盘制造商因专注于满足高端客户的需求，而忽略了小型硬盘的潜力。当个人电脑市场兴起时，小型硬盘由于成本低、便携性强，逐渐成为主流，原先的行业巨头如IBM（国际商业机器公司）在新市场中失去了竞争力。最终，小型硬盘不仅赢得了新兴市场，还彻底颠覆了整个行业格局。

颠覆性创新的关键在于，它并不是直接与现有技术竞争，而是通过创造新价值来吸引被忽视的客户群体。企业需要学会识别这些潜在的市场机会，并制定战略加以利用。

"创新者的窘境"：为何成功企业会失败

克里斯坦森指出，许多成功企业因过于关注现有客户的需求和高利润市场，导致它们无法有效应对颠覆性技术。这种困境使得企业陷入两难：

如果专注于现有业务，可能错失发展颠覆性技术的机会。

如果投入颠覆性技术，可能会损害短期利润。

柯达公司因过于依赖传统胶卷业务，未能及时转型为数字影像技术。尽管柯达率先发明了数字相机，但其管理层因担心新技术影响核心业务而延迟推广，最终被市场淘汰。相比之下，佳能逐渐将重心从传统摄影产品转向数字技术，并通过不断改进用户体验和功能设计，占据了全球市场的主导地位。

"创新者的窘境"提醒企业，只有在稳定现有业务的同时，积极探索颠覆性创新，才能在竞争中持续保持优势。企业需要学会在短期与长期目标之间找到平衡点。

价值网络的影响

企业的决策往往受其所属的价值网络影响。克里斯坦森指出，不同价值网络中的客户需求、利润模型和技术优先级可能大不相同，导致企业难以跳出原有框架抓住新机会。

传统汽车制造商长期专注于高性能内燃机技术，而忽视了电动汽车市场的潜力。特斯拉通过建立独立的价值网络，将重点放在电池技术和充电基础设施上。比如，特斯拉在全球范围内投资建立超级充电站网络，使其电动汽车用户在长途旅行中没有后顾之忧，这一策略彻底改变了行业竞争规则，迫使传统汽车制造商也开始布局电动汽车市场。

价值网络的局限性可能导致企业在面对颠覆性变化时步履维艰。企业需要学会跳出原有框架，重新评估资源配置和客户需求，以适应新兴市场的特点。

小市场战略的意义

颠覆性创新往往始于小市场，初期利润可能不高，但随着技术的成熟，这些市场有潜力成为未来的主流。

亚马逊在最初阶段只是一个在线书店，服务于小众的互联网用户市场。通过持续技术创新和业务扩展，亚马逊逐步增加产品种类，开发了电子书Kindle等新业务，并最终成长为全球电商巨头。值得注意的是，亚马逊在扩展过程中始终保持了对客户需求的高度敏感性，例如通过会员服务Prime提升用户忠诚度等，这些策略使其占据了全球市场的领先地位。

小市场战略强调企业需要耐心和远见，将小市场视为未来发展的试验田，而不是短期回报的衡量指标。企业如果能把握住小市场中的创新机会，就能在未来的市场竞争中占得先机。

独立团队的必要性

克里斯坦森强调，企业在探索颠覆性创新时，需要组建独立团队，以避免受到现有业务模式的束缚。

谷歌通过设立母公司Alphabet，允许其旗下的创新项目（如Waymo自动驾驶和Verily生命科学）以独立团队的方式运营。Waymo作为Alphabet的独立子公司，能够自由开发自动驾驶技术，而不受谷歌核心广告业务的影响。这种模式让Waymo在自动驾驶领域取得了显著的领先优势，同时为Alphabet整体创造了新的增长点。

独立团队能够更灵活地适应变化，同时避免与传统业务产生冲突。企业需要赋予这些团队足够的自主权和资源支持，从而推动颠覆性创新的加速发展。

建立颠覆性文化

成功的颠覆性创新需要文化的支撑。企业必须建立一种鼓励创新、容忍失败的文化氛围。

3M公司（明尼苏达矿业和制造公司）以"允许员工用15%的时间自由探索"的文化闻名。正是在这种开放创新的环境下，便利贴（Post-it Notes）这样的产品才得以诞生。当初，这一产品原本只是一个失败的强力胶项目，但由于公司文化的支持，研发团队不断试验，最终将失败转化为成功的创新。

文化是企业创新的土壤。通过鼓励创新和包容失败，企业能够持续激发员工的创造力，为颠覆性创新奠定基础。没有创新文化的支持，即使最好的技术也难以在企业中生根发芽。

客户需求的重新定义

企业往往将现有客户需求作为产品开发的唯一依据，但颠覆性创新要求企业重新定义客户需求，探索那些未被满足或未被充分重视的需求。

苹果公司推出第一代iPhone时重新定义了手机的功能与价值。尽管市场上已有许多功能强大的手机，但苹果公司通过整合音乐播放、触摸屏交互和移动互联网功能，将智能手机重新定位为日常生活的中心工具。这种重新定义的策略迅速赢得了市场，并彻底改变了消费者对手机的期望。

重新定义客户需求是企业创新的关键驱动力。通过超越现有市场的局限，企业能够发现全新的增长点。

07 《决断力：如何在生活与工作中做出更好的选择》（奇普·希思、丹·希思）

——如何做出更好的决策？

《决断力：如何在生活与工作中做出更好的选择》是奇普·希思（Chip Heath）和丹·希思（Dan Heath）共同创作的一本经典著作，专注于帮助读者在复杂多变的环境中做出理性、有效的决策。作者通过剖析决策过程中的常见误区，提供了科学、系统的决策方法，帮助读者在面临不确定性时做出明智的选择。书中不仅探讨了理性决策的重要性，还提供了具体的实践工具，帮助读者在日常工作中提升决策质量。本书的伟大之处在于，它为决策提供了一个清晰的框架，引导读者认识到常见的决策偏见，并通过一系列行之有效的策略来避免这些偏见，从而做出更好的决策。

打破常规思维：避免"常规决策"陷阱

书中提到，很多决策之所以失败，是因为领导者依赖惯性思维，过度依赖过去的经验或传统方式来解决新问题。突破这一思维定式，才能更好地应对变化中的挑战。

某零售公司在调整销售策略时，过度依赖过去几年成功的促销模式。结果由于顾客的需求和市场情况发生了变化，原有的促销活动未能有效吸引新客户。团队随后通过市场调研和消费者行为分析，重新设计了基于个性化推荐的促销活动，最终销售业绩取得了显著的增长。

打破常规思维要求领导者具备开放心态，敢于质疑传统观念，并鼓励团队探索新的解决方案。通过不断尝试和学习，领导者可以带领团队发现更具创新性的方法，应对日益复杂的市场挑战。

广泛收集信息：决策的基础

在做决策时，信息收集的全面性至关重要。书中强调，领导者不应只依赖少数来源获取的信息，而应该广泛收集多方信息，确保决策基于多维度的事实和数据。

某全球制造企业在决定是否进入新兴市场时，原本仅依据自身销售团队的反馈做决策。然而，经过进一步的市场调研和多方专家访谈，他们发现原有的信息并不完全，市场潜力远大于最初估计。最终，企业成功进入了新兴市场并站稳了脚跟，创造了丰厚的利润。

广泛的信息收集不仅限于数量，更应注重信息的多样性和深度。领导者要通过多种渠道了解市场动态、客户需求、技术发展等各方面的变化，从而为决策提供更为全面和准确的依据。

挑战现状：寻找新的选择

作者指出，许多领导者陷入了"非此即彼"的思维模式，认为决策只有两种选择，而忽视了更多可能性。创新的决策往往源自对新选择的寻找，这需要领导者具备强大的想象力和创造性思维。

某科技公司面临是否开发新一代智能手机的问题，管理层最初的讨论局限于现有市场中升级产品的方案。然而，研发团队提出通过跨行业合作开发具有健康监测功能的手机，既能够满足用户日益增长的健康需求，又能创造一个全新的市场。最终，这一创新决策推动公司占领了新的蓝海市场。

寻找新的选择要求领导者突破传统的决策框架，鼓励团队提出更多可能的解决方案。通过激发创新思维，领导者可以发现那些被忽略的机会，从而做出更具有战略意义的决策。

数据驱动决策：避免直觉误导

虽然直觉在很多情况下能发挥作用，但作者指出，依赖数据进行决策会显著提高决策的准确性和合理性。领导者应该用数据验证假设，避免被个人经验或情感驱动的偏见影响决策结果。

一家消费品公司在推出新产品时，曾通过直觉判断该产品会受到市场的热烈欢迎。然而，基于用户调研和销售数据分析，团队发现目标市场对产品的需求较为平淡。通过调整营销策略和定位，公司成功将产品推广至合适的受众，避免了潜在的亏损。

数据驱动决策能够帮助领导者从理性和科学的角度来看待问题，减少决策中的情感波动和个人偏见。通过数字化的分析工具和调研，领导者可以精准地捕捉市场趋势，做出更加理智的决策。

衡量决策的长期影响：避免短期思维

很多时候，领导者往往过于关注短期效益，忽视了决策的长期影响。然而，过于关注短期的效益往往会带来长期的风险和挑战，只有从长远角度考虑，才能做出对组织最有利的决策。

某大型公司曾在短期内削减研发投入以应对财务危机，但这一决策导致了长期的创新能力下降。最终，企业无法跟上行业技术的变革，市场份额逐步被竞争对手蚕食。经过调整后，公司恢复了研发投资，并通过技术创新重新获得了竞争力。

对决策长期影响的评估要求领导者不仅仅要关注当前的利益，更要预见未来的发展和潜在的风险。通过对未来的趋势、行业变化以及客户需求的预测，领导者可以制定更具战略眼光的决策，确保企业在长期竞争中立于不败之地。

团队决策：集思广益，避免孤立决策

根据作者的观点，领导者在做决策时不应孤军奋战，而是要借助团队的智慧共同完成决策。团队成员的多样性和视角能够帮助决策者从不同的角度审视问题，从而做出更全面的决策。

某国际企业在决定是否要拓展以及怎样拓展新市场时，组建了一个跨部门决策团队，涵盖了营销、财务、法律和运营等多个领域的专家。通过集体讨论，团队识别了潜在的市场风险，并调整了进入策略，最终顺利进入了新市场并获得了成功。

集思广益能够帮助决策者从不同角度获取信息，减少因个人局限而导致的决策失误。通过多方专家的参与，团队决策不仅能提供更丰富的视角，也能增强决策的可执行性和全员认同感。

08 《离经叛道》（亚当·格兰特）
——如何获得反常规的成功？

《离经叛道》是亚当·格兰特（Adam Grant）的一本创新型商业管理著作，提倡通过反思常规智慧，挑战传统思维方式，来实现个人和组织的真正突破。格兰特在书中深入探讨了逆向思维如何帮助领导者打破"成功的常规路径"，并通过对失败的重新审视和创新的不断追求，发现新的机会和增长点。本书的核心理念是：许多成功的背后往往是反常规的思维方式，创新源自质疑现状和勇敢的冒险。本书通过大量的案例分析、实际经验与科学研究，展示了如何在复杂的商业环境中，利用逆向思维突破瓶颈，推动个人和团队向更高的目标迈进。

反常规的成功：质疑传统的路径

亚当·格兰特强调，成功的道路并不总是沿着传统的轨迹铺设的。许多具有创新性的成功往往源自对"常识"的质疑。通过反思并挑战行业惯例，领导者可以找到更加独特和具有竞争力的道路。

一家初创企业决定进入竞争激烈的餐饮行业。在大多数餐饮企业专注于传统菜单和标准化服务时，这家企业通过提供个性化的定制餐品和灵活的在线预订服务，打破了行业的常规。他们的独特服务不仅吸引了大量年轻消费者，也使其迅速从众多竞争者中脱颖而出。

突破常规思维不仅仅是为了寻求不同的做法，它要求我们深刻理解当前的市场趋势和消费者需求，并从根本上去质疑现有的运营模式和商业假设。通过创新商业模式，领导者能够为公司开辟出一条不一样的成功之路。

重新定义失败：从失败中汲取力量

在《离经叛道》中，格兰特对"失败"进行了重新定义。传统中，失败常常被视为负面的结果，是远离成功的警告。而格兰特认为，成功往往来源于对失败的深刻理解和从失败中汲取的经验。

某知名初创公司初期推出产品时，产品的市场反响不尽如人意。虽然产品的功能和设计都得到了用户的积极评价，但实际的市场反馈远低于预期。公司通过对失败的深度剖析，发现他们在目标客户的市场定位上做出了错误的假设。通过改进市场定位和营销策略，他们成功地将产品推向了正确的用户群体，最终迎来了成功。

重新定义失败的核心是将其视为"学习的机会"。领导者需要从失败中识别出哪些因素导致了结果的不理想，并基于这些经验教训做出调整。通过这种持续的反馈和优化，失败成为成功的催化剂，而非障碍。

逆向思维与风险管理：敢于冒险，但不盲目

《离经叛道》不仅仅是提倡大胆冒险，还强调，逆向思维并不是盲目冲动，而是有策略地评估和管理风险。真正的创新源自理性分析与冒险精神的平衡。

某软件公司在决定是否推出一个全新的软件产品时，虽然市场上已有竞争对手，但他们通过对用户需求的深入调查，发现现有产品存在明显的技术缺陷和用户痛点。团队决定冒险进入市场，但他们并没有全力投入，而是采取了小规模市场测试的策略。通过这种策略，他们在降低风险的同时，又获得了巨大的市场回报。

风险管理并不意味着完全避免风险，而是通过小范围的试验、有数据支持的决策和快速迭代的方式，来确保创新能够在可控的风险范围内成功落地。领导者需要在敢于冒险的同时，采用更加灵活和理性的方式来规避潜在的巨大风险。

从他人失败中找到机遇：借鉴外部经验

格兰特指出，逆向思维并不局限于从自己的失败中学习，领导者应该从他人的失败中吸取经验教训。这种"借鉴他人失败经验教训"的思维方式可以帮助领导者更快速地规避常见的陷阱和误区。

一家大型零售商在考虑进入新兴市场时，参考了许多同行业公司进入该市场的失败案例。通过分析这些案例中的错误决策，他们认识到自己在定价策略、品牌定位及本地化运营等方面也容易犯相同的错误。因此，他们在进入市场前，作了大量的市场调研，并根据当地消费者的实际需求进行了调整，成功避免了前人的失误。

从他人的失败中学习是一种逆向智慧。通过系统地回顾行业中的失败案例，领导者能够更好地规避相似的错误。这种方法不仅可以帮助决策者节省时间，还能大大提高决策的成功率。

创新的驱动力：质疑与重构现有假设

格兰特在书中强调，创新往往源自对现有的假设和思维框架的不断质疑。在决策过程中，领导者应该始终保持批判性思维，不断深化自己和团队对问题的理解，从而推动创新。

某互联网公司在开发新产品时，原本假设用户最关心的是产品强大的功能。然而，在与潜在用户的深入访谈中，公司团队发现用户更关心的是产品的便捷性和易用性。通过调整产品设计，团队成功将产品推向了市场，并获得了用户的极大认可。

创新的本质在于突破现有的思维模式和限制。领导者必须鼓励团队在工作中持续保持反思精神，质疑常规的解决方案，并为公司带来全新的视角和创新的思路。

逆向思维与决策：勇于做出不受欢迎的选择

逆向思维能够帮助领导者在作决策时，敢于做出那些可能不受欢迎但更具长远利益的选择。许多成功的决策都是因为领导者敢于采取不走寻常路的方式，而这往往是其他人未敢尝试的。

某大型科技公司在面对全球扩张时，决定不单纯依靠传统的并购方式进入新市场，而是通过建立本地化的合作伙伴关系和采用逐步扩展的方式来减少风险。虽然这一决定不如直接并购来得直接和高效，但从长远来看，这种策略帮助公司在全球市场中建立了更加稳固的根基。

在决策过程中，许多领导者选择按照行业的传统做法进行，但有时那些不受欢迎或不常见的选择反而能带来更多的创新空间。逆向思维要求领导者有勇气做出能获得长期利益的决策，而非仅仅追求短期的回报。

09 《反脆弱》（纳西姆·尼古拉斯·塔勒布）
——如何在不确定性和混乱中获得成功？

《反脆弱》是纳西姆·尼古拉斯·塔勒布（Nassim Nicholas Taleb）的一本重要著作，提出了一个全新的思维框架，帮助人们在充满不确定性、波动性和混乱的环境中获得成功。塔勒布通过深入探讨"脆弱性"与"反脆弱性"的概念，阐述了如何通过适应和利用不确定性来增强自身的能力，甚至在混乱中获得更强大的力量。本书的核心观点是：许多事物在面对压力和混乱时并不是变得更弱，而是变得更强大。这种现象被塔勒布称为"反脆弱"，即事物在不确定性和压力下反而能得到增长和进化。这一思想挑战了传统的"稳定就是成功"的观念，强调应该在不确定的环境中找到突破口，利用不可预测的事件来塑造自己的未来。

脆弱与反脆弱：理解两者的根本区别

在《反脆弱》一书中，塔勒布将事物分为三类：

· 脆弱：系统在压力、变化和不确定性下容易崩溃。

· 反脆弱：系统在压力、变化和不确定性下变得更强。

· 稳健：处于脆弱和反脆弱两者之间，系统在面对挑战时保持基本不变。

在2008年的国际金融危机中，许多传统银行和金融机构因为无法承受风险和压力，纷纷倒闭，显示出其脆弱性。而一些风险管理得当的投资公司，充分利用市场波动，反而获得了巨额回报。这种"反脆弱"的能力帮助它们在危机中实现了飞跃。

理解脆弱与反脆弱的区别对于应对不确定性至关重要。例如，在面对突如其来的市场波动时，具有反脆弱性的公司不仅不会被击倒，反而能通过调整战略、抓住机会而变得更强。企业和个人应该通过多元化投资、分散风险等手段来增强自身的反脆弱性。

通过适应不确定性而非规避不确定性来实现成功

塔勒布认为，传统的思维方式往往试图避免风险和不确定性，但实际上，正是这些不确定性和风险为我们提供了最大的机会。通过适应不确定性，反脆弱的系统能够从中获得更大的发展。

某初创公司在进入市场时并未依赖于完美的市场预测，而是通过"实验"的方式，不断调整产品和服务，快速适应市场的变化。正是这种灵活性使得公司能够快速应对不确定性，并最终成为行业的领导者。

适应不确定性并非盲目追求变化，而是通过持续地调整、反馈和灵活应对来提升应变能力。在企业运营中，领导者可以通过设定小规模的实验和原型测试，收集数据，快速迭代，从而在不确定性中不断获得生长的机会。

"冗余"与"过度准备"：建立反脆弱的结构

为了避免脆弱性，建立冗余是非常关键的。冗余的存在并不意味着浪费，而是为未来的不确定性提供了足够的缓冲。相较于精益求精的极简主义，冗余能够使系统在面对外部冲击时更加稳健。

某汽车制造商在全球范围内的生产基地并不是集中在一个区域，而是分布在不同国家和地区。尽管这会增加管理和物流的复杂性，但当全球供应链出现危机时，他们能够迅速调整并依赖其他区域的生产线保持运营。这种冗余的结构帮助企业避免了供应链中断的风险。

冗余的概念不仅仅适用于生产和供应链管理，个人和团队也可以通过冗余来增强反脆弱性。例如，领导者可以培养多项技能，并培养团队成员多样化的任务能力，这样一旦某一领域出现问题，可以依赖其他技能进行应对，从而保持整体的韧性和稳定性。

小规模实验：通过渐进式的创新应对不确定性

成功的反脆弱系统往往采用渐进式的创新方式，而非一次性的大规模投资或变革。通过小规模实验，快速进行测试和调整，企业和个人能够在避免大规模失败的同时，积累经验，逐步适应变化。

某互联网公司在推出新功能时，并没有大规模上线，而是选择先在小范围内进行Beta测试。通过收集用户的反馈并不断改进功能，公司不仅避免了大规模失败，还在用户群体中积累了口碑，最终顺利推广新功能。

小规模实验的核心在于"风险可控"。通过逐步积累经验，领导者可以在实践中摸索出最合适的应对策略，避免因一次性投入过大而导致的灾难性后果。渐进式创新让反脆弱系统能够在不断变化的环境中生存并繁荣。

接受失败并从中学习：如何通过失败加速反脆弱性的发展

塔勒布提到，反脆弱性的一大特点是，失败和挑战并不是终点，而是成长和进化的催化剂。企业和个人应当积极接受失败，从中学习并调整策略，而不是试图避免失败。

　　某家科技公司早期推出的几个产品遭遇了市场冷遇，但公司并未因此放弃，而是通过用户反馈、数据分析，调整产品设计并推出新的版本。最终，这些反思和调整带来了产品的成功和市场的认可。

　　通过从失败中学习，企业和个人可以加速反脆弱性的发展。领导者需要鼓励团队把失败视为必要的学习过程，而非负担。每次失败后的总结和修正，都会帮助公司在下一次挑战中变得更强大。

通过去中心化增强反脆弱性：分散化管理的优势

　　塔勒布认为，去中心化的结构能够帮助企业在面临外部冲击时更加灵活和有韧性。通过分散决策权和资源合理配置，组织能够更好地应对突如其来的变化。

　　某全球公司通过在不同地区设置独立运营团队，减少了总部的集中管理。这些团队能够根据本地市场的变化快速做出决策，而不需要等待总部的指令。这样的去中心化管理让公司能够更加灵活地应对全球市场的变化。

　　去中心化有助于增强企业的应变能力。通过将决策权分散到更小的单元，企业能够更加迅速地适应变化，避免因决策流程的拖延导致错失机会。此外，去中心化还可以促进创新，鼓励更多的创意和实验。

利用波动：如何在波动中发现机会

　　塔勒布在《反脆弱》中强调，波动和不确定性不仅仅是威胁，也是巨大的机会。反脆弱的系统能够在波动中找到自身发展的机会，并利用这种变化推动自身成长。相较于追求平稳和避免波动，反脆弱的系统更倾向于积极应对波动并在其中寻找机会。

在经济危机期间，某全球品牌虽然市场需求下降，但通过快速调整生产线并专注于更具创新性的产品，成功地利用了市场波动，推出了新一代产品。这些产品既符合市场需求，又抓住了价格下行时的成本优势，最终该品牌不仅度过了危机，还实现了业务增长。

波动是市场和环境变化的一部分，企业应当学会如何在变化中识别并抓住机会。反脆弱的系统能够从波动中汲取养分，通过灵活调整战略、产品和服务，企业不仅能够生存下来，还能够在市场变动中获得独特的竞争优势。领导者需要培养这种敏锐的洞察力，在不确定性中发现潜在的机遇。

10 《一分钟经理人》（肯·布兰查德、斯宾塞·约翰逊）
——简化管理，提升效率

《一分钟经理人》是肯·布兰查德（Ken Blanchard）与斯宾塞·约翰逊（Spencer Johnson）合著的一本经典管理著作。该书提出了一种极简、直接且高效的管理理念，重点强调通过三种简单的管理技巧——一分钟目标、一分钟表扬和一分钟批评来提高管理效率，激发员工潜能。作者通过简短、易懂的故事情节，阐述了这些技巧如何在短时间内帮助经理人培养有效的领导力，提升员工表现，并创造更加高效的工作环境。

一分钟目标：明确期望，快速启动

《一分钟经理人》中的第一个关键技巧是"一分钟目标"。这意味着在管理工作中，经理人需要与员工一起设定明确、可量化的目标，并确保这些目标在短时间内得到沟通和执行。目标设定不仅仅是指制定长期的战略规划，更要在日常工作中帮助员工明确每一项任务的核心要求和期望成果。

在线零售商Zappos的创始人之一Tony Hsieh强调了明确目标设定的重要性。Zappos的成功不仅依赖于产品的多样性和快速配送，更在于其对顾客服务目标的精准设定。Hsieh要求每个员工都要清楚自己的职责目标，特别是对于客户服务部门，设定了明确的"24小时内回应客户"的目标。这种明确的目标设定，让每一位员工都能清晰地理解公司期望，从而高效地完成自己的任务。

一分钟目标不仅能帮助员工明确工作的核心任务，还能避免因目标不明确而产生的拖延和混乱。通过设定简单、直接、可衡量的目标，员工能够快速上手并聚焦于工作重点，提高整体工作效率。

一分钟表扬：及时认可，激励行动

《一分钟经理人》中的第二个技巧是"一分钟表扬"。这意味着经理人应该及时、具体地表扬员工的表现，尤其是在员工完成了预定目标或表现出色时，及时的正面反馈能够极大地激发员工的自信心和动力。一分钟表扬不仅仅是口头上的称赞，它应该是具体的、真诚的，并且能够帮助员工看到自己工作的价值和意义。

> Google在公司文化中非常重视对员工的及时认可。Google的管理层有一个非常简单却有效的做法，就是通过"感谢邮件"对员工的优秀表现进行表扬。当员工在项目中取得成绩时，公司会直接向他们发送具体的感谢信，并且公开表扬他们的贡献。这个简单的举措，不仅提升了员工的工作满意度，还强化了员工对公司目标和文化的认同感。

一分钟表扬的关键在于及时性和具体性。在员工表现出色时及时给予表扬，能够增强他们的成就感和归属感，同时激励他们继续保持高水平的表现。一句简单的表扬不仅能提升员工的工作积极性，还能增强团队的凝聚力。

一分钟批评：快速纠正，避免拖延

《一分钟经理人》中的第三个技巧是"一分钟批评"，即当员工没有达成预期目标或表现不佳时，经理人应当迅速、具体地指出问题并提供改进建议。批评不应拖延，而应及时沟通，确保员工能够意识到自己的不足，并通过积极的反馈改进表现。一分钟批评的目的是帮助员工从错误中学习，而不是让员工感到羞愧或沮丧。

丰田的生产系统就非常重视及时的反馈和批评。每当生产线上的工人发现问题时，他们会立刻按下"安灯"（Andon）系统按钮，向上级经理报告并迅速停止生产，及时解决问题。这个快速反馈的做法确保了生产过程中的每一个小错误都能够得到及时修正，防止问题扩大，并提高了产品质量。

一分钟批评强调的是及时、具体和有建设性的反馈。通过及时指出员工的不足，并提供改进方案，公司能够帮助员工尽快修正错误，提升个人表现。同时，这种批评方式不会让员工感到失望或挫败，而是让他们看到改进的机会，从而更有动力去提升表现。

简化管理：高效领导，最大化激发员工潜能

《一分钟经理人》通过三个简单的技巧，强调了管理的简化和高效。传统的管理模式往往充斥着复杂的流程、冗长的会议和细致的检查，而"一分钟管理"提倡简洁、直接且高效的沟通方式，让经理人能够在短时间内最大化地激发员工潜能。通过减少烦琐的管理细节，经理人能够更好地关注员工的成长和团队目标的达成。

西南航空通过减少不必要的规章制度，倡导"只做最重要的事"，让员工能够专注于客户服务和团队协作。西南航空的管理风格使得员工高度认同公司的目标，且能够灵活应对不同客户的需求，这种高效的管理和员工自驱力帮助公司在竞争激烈的航空行业中保持领先地位。

简化管理有助于减轻员工的压力，并使管理层能够集中精力做出更加重要的决策。通过明确目标、简化反馈和批评流程，经理人可以更加高效地领导团队，

推动公司目标的实现。

培养自我领导能力：赋能员工，提升团队能力

《一分钟经理人》不仅关注如何高效管理员工，也强调了自我领导的重要性。通过实施一分钟管理法则，员工能够更加清晰地了解自己的目标和期望，并通过高效沟通与反馈，不断提升自我管理能力。优秀的经理人不仅是团队的领导者，还应该成为员工成长的导师和支持者。

微软在其早期发展过程中，鼓励员工自主设定目标并定期进行自我评估。通过这种方式，员工能够更好地理解公司目标，并以此为导向提升个人工作表现。员工不仅仅依赖上级的指导，更主动承担责任，推动自我成长。这种"自我领导"的文化帮助微软迅速扩展并成为全球科技巨头。

培养员工的自我领导能力，能够让团队更具自主性和创造力。经理人不仅要关心任务的执行，还应该帮助员工提升自我管理和决策的能力，从而提升整体团队的执行力和创新力。

激发员工的内在动力：寻找员工的内在价值

《一分钟经理人》强调，除了外部的奖励和表扬，管理者还应注意激发员工的内在动力。真正的动力来自员工对工作的热情、对公司目标的认同以及个人价值的实现。经理人应该善于发现员工的长处，帮助他们找到内在的驱动力，进而提升他们的工作积极性和整体表现。

知名户外用品品牌Patagonia（巴塔哥尼亚）就非常注重激发员工的内在动力和对品牌理念的认同。Patagonia鼓励员工参与环保项目，并为他们提供灵活的工作时间，以使他们能够投入到自己热衷的环境保护活动中。公司不

仅通过外部奖励，也通过增强员工对品牌价值的认同和参与感来激励员工。这种内在驱动力让Patagonia的员工不仅仅是为了薪资而工作，更是为了共同的使命感和价值观而工作。

激发员工的内在动力能够让他们在工作中更有热情，更能为公司贡献创造性思维。管理者应帮助员工找到与公司目标一致的个人价值，使他们的工作不再仅仅是完成任务，更是一项充满意义的事业。这种方式能够帮助公司提高员工忠诚度，增加长期的竞争优势。

2

团队管理与企业文化

11 《重新定义团队：谷歌如何工作》（拉兹洛·博克）
——如何通过"自由"提升组织创造力？

《重新定义团队：谷歌如何工作》由拉兹洛·博克（Laszlo Bock）撰写，他曾是谷歌人力资源部的负责人。这本书深入探讨了谷歌如何通过创新的管理方式和独特的工作文化，成为全球最具影响力的公司之一。本书的核心在于"如何创造一个既能激发创造力又能保证高效执行的工作环境"。通过对谷歌内部管理和工作流程的分析，博克揭示了这家科技巨头如何通过"自由"的工作模式和"数据驱动"的管理方式，成功地吸引和保持顶尖人才，并通过高度自由的企业文化追求卓越的创新和提升执行力。

自由与责任并重：赋能员工，激发创造力

在谷歌，管理者赋予员工高度的自由，并鼓励他们独立思考和创新。博克认为，给员工更多的自由和责任感，不仅能提高员工的工作满意度，还能激发他们的创造力和主动性。

谷歌实行"20%的时间"政策，鼓励员工将20%的工作时间用于自己感兴趣的项目。正是这种政策，孕育出了谷歌新闻、Gmail等具有革命性的产品。这些创新的产品不仅成就了谷歌，也展示了自由与责任并重的管理理念的巨大价值。

自由并不意味着放任自流，而是通过在管理中赋予员工责任，让他们对自己的工作成果负责。在这种环境下，员工不再是单纯的任务执行者，而是创造者和

决策者。这种自由赋能的方式激发了创新活力，并使谷歌能够持续推出颠覆性的技术和产品。

数据驱动管理：通过数据提升管理的科学性

在《重新定义团队：谷歌如何工作》中，博克也强调了"数据驱动"的重要性。谷歌在管理决策中高度依赖数据，通过不断收集和分析员工的表现、工作满意度、团队合作等方面的数据，优化工作流程和管理方式。

谷歌通过大规模的数据分析，发现公司内部的高效团队通常具有更高的互信度和较强的团队凝聚力。因此，谷歌在后续的管理实践中更加注重团队成员间的合作与信任建设，从而提高了整体团队的绩效。

数据驱动管理让谷歌能够基于客观数据做出更精准的决策。这种决策不仅更加科学和高效，也能帮助公司减少偏见和主观判断的影响。通过不断收集反馈和数据，谷歌能够持续优化内部流程，并通过精细化管理不断提高工作效率。

招聘与选拔：打造卓越团队的基石

谷歌的招聘流程以严格和创新而著称。博克在书中提到，谷歌对人才的筛选非常重视，不仅仅看重应聘者的学历和经验，更加注重他们的潜力、创新能力和团队合作精神。

谷歌的招聘面试过程非常复杂，通常包括多轮面试和严格的背景调查。面试官不仅会考察应聘者的专业技能，还会探讨他们的创新能力和解决问题的思维方式。正是这种独特的招聘方式，使谷歌能够吸引到一批批优秀的人才，推动公司的创新和发展。

高效的招聘和选拔流程是谷歌成功的关键之一。通过科学的招聘和选拔流程，谷歌不仅确保了员工的技能和专业性，还能够评估其在团队中的适应性和创新潜力。这种系统化的选拔机制，使谷歌能够不断扩充高效且具备创新精神的团队，从而保持公司在技术和产品上的领先优势。

文化塑造：建立开放、协作和充满创新精神的工作环境

谷歌一直以来都注重文化建设，并致力于打造一个开放、协作和充满创新精神的工作环境。博克提到，文化不仅仅是公司的外在表现，它是驱动公司前进的核心力量。谷歌通过注重员工的多样性、平等性和对创新的追求，塑造了一个有助于员工自我实现的文化氛围。

谷歌的办公环境设计非常注重员工的创造性，提供开放式办公室、休闲区和活动空间，鼓励员工之间的自由交流。员工可以在任何时间与同事讨论问题，在社交活动中激发新的创意。正是这种文化让谷歌的员工能够在无压力的环境中进行深度的思考和创新。

企业文化对于公司长期的成功至关重要。谷歌通过不断塑造开放、包容、创新的文化氛围，确保员工能够在积极的工作环境中发挥最大的潜力。员工的工作不仅是任务的完成，更是思想和创意的碰撞。良好的文化环境使谷歌成为吸引人才的"天堂"，并为公司的快速成长提供了强大的动力。

透明化管理：建立信任和共同目标

谷歌的管理方式强调透明化，尤其是在信息共享和决策的过程中。博克认为，透明化的管理方式有助于建立团队间的信任和协作，使每名员工都清楚公司的目标和决策的依据，从而增强员工的归属感和责任感。

在谷歌，员工可以轻松获取公司高层的决策过程和公司战略规划。每月，谷歌高层都会向员工公开分享公司的财务状况、业务进展和未来目标。员工不仅了解公司的运营情况，还能参与到战略讨论中，这大大提升了团队的凝聚力和向心力。

透明化管理能够提升员工对公司决策的信任感。通过让员工了解公司战略和决策依据，谷歌有效减少了信息的不对称，提升了员工对公司目标的认同感。这样的做法不仅提升了员工的参与感，还激发了团队的协作精神和创新动力。

激励机制：如何激发员工的长期动力

博克在书中提到，谷歌的激励机制并非仅仅依靠金钱奖励，而是通过提供充分的个人成长机会、团队协作以及提升工作的自由度来激发员工的长期动力。谷歌的目标是提供一个"能带来自我实现"的工作环境，使员工愿意为公司付出更多。

谷歌的员工不仅可以自由选择工作项目，还可以参与公司内部的创新活动。公司为员工提供了多样的培训机会和职业发展路径，确保员工能够在工作中不断提升自己的能力，实现个人和公司的双赢。

谷歌的激励机制将员工的个人成长与公司目标紧密结合，激励员工不仅仅是为了物质回报而工作，而是为实现自我价值和长期目标付出努力。这种内在驱动的激励方式，远比简单的金钱奖励更能激发员工的创造力和长期忠诚度。

反思与持续改进：谷歌的自我调整机制

谷歌鼓励员工进行自我反思，并在公司层面设立了持续改进的机制。每年，谷歌都会对其管理策略、工作环境和文化进行自我审视，并根据反馈进行调整。

这种自我调整的机制帮助公司在不断变化的商业环境中保持灵活性，并确保其能实现持续创新。

谷歌定期进行员工满意度调查，并根据调查结果调整其工作政策和福利措施。通过这种反馈机制，谷歌不仅保持了良好的员工关系，还确保了员工对公司的忠诚度和满意度。

自我反思和持续改进是谷歌管理文化的重要组成部分。公司通过持续的反馈和调整机制，确保能够应对不断变化的外部环境和内部需求。领导者通过倾听员工的声音，及时修正和优化管理策略，确保公司的长期竞争力。

12 《精益创业》（埃里克·莱斯）
——如何通过快速实验与迭代实现创业成功？

《精益创业》是埃里克·莱斯（Eric Ries）的一本开创性著作，它通过引入"精益创业"这一概念，提供了一套高效、灵活的创业方法论，帮助创业者在充满不确定性的市场中减少浪费，快速验证假设，推动业务快速发展。精益创业的核心在于"快速实验、持续迭代、数据驱动"。通过这些方法，创业者能够在最短时间内找到最适合市场的产品和业务模式，从而实现成功。在《精益创业》这本书中，莱斯不仅分享了成功的经验，还探讨了企业如何在面对失败时快速调整策略，减少不必要的损失。

最小可行产品（MVP）：用最少的资源验证假设

精益创业的核心概念之一是"最小可行产品（MVP）"，即用最少的资源开发出一个能够验证市场需求的原型或产品版本。MVP的目标不是完美的产品，而是一个能够快速推出并收集用户反馈的初始版本。通过验证假设，创业者可以在最短时间内确认市场需求，从而决定是否继续投入资源。

Dropbox的创始人德鲁·休斯顿在创业初期并没有立刻开发出一个完整的云存储平台，而是制作了一个简单的演示视频，展示Dropbox的功能，并邀请潜在用户参与。这个视频实际上就是Dropbox的"最小可行产品"，它通过用户的兴趣和反馈，验证了市场对云存储服务的需求。最终，视频成功吸引了大量用户和投资者，推动了Dropbox的快速发展。

MVP的核心价值在于能够尽早验证产品假设，而不是等到产品开发完成后再去试图推向市场。通过MVP，创业者能够避免大规模投入资源后发现市场不需要该产品的情况发生，减少了创业中的浪费。

快速迭代：从反馈中不断优化

精益创业强调的是快速迭代——通过不断收集反馈，迅速调整产品或商业模式。这个过程强调"构建—测量—学习"的反馈循环，创业者需要通过反复的实验和调整来优化产品与市场的契合度。通过这一方式，企业可以在最短时间内找到最有效的解决方案。

Zappos的创始人之一谢家华在创业初期并没有直接投入大量资金用于开发网站和库存建设，而是先在本地商店拍照展示鞋子，并通过网站向顾客出售。这一简单的实验让Zappos验证了人们在线购买鞋子的兴趣。在收集了足够的反馈后，他们才开始投资开发更复杂的电商平台，并最终将Zappos打造成为美国最大的在线鞋类零售商之一。

通过快速迭代，创业者可以及时了解用户的需求变化和市场趋势，从而避免走弯路。精益创业提倡通过数据和实验来做决策，而非依赖于假设或直觉，这种方法大大降低了失败的风险。

创新会计：通过数据驱动决策

《精益创业》中提出了"创新会计"的概念，鼓励创业者通过定量数据来衡量进展，而不仅仅依赖传统的财务指标。创新会计通过设定可衡量的目标，帮助创业者评估产品和市场的匹配度，从而做出更明智的决策。

当Instagram刚起步时，创始人凯文·西斯特罗姆并没有立即大量投入资金进行广告宣传，而是通过A/B测试和数据分析来判断哪些特性能吸引更多的用户。他们通过跟踪用户在平台上的活动，调整功能和用户界面，最终找到了能够最大化实现用户增长的路径。通过数据驱动的决策，Instagram迅速发展成全球最受欢迎的社交平台之一。

创新会计的关键是设定具体、可衡量的数据指标，通过这些数据来衡量进展，而非单纯依赖直觉或传统的财务报表。通过数据，创业者可以客观判断哪些方向值得继续投入，哪些方向应当调整或放弃。

快速失败：通过失败加速学习

精益创业不仅仅聚焦于成功，更重要的是强调如何从失败中实现快速学习。在不确定的环境中，失败往往是成功的前奏。塔勒布的"反脆弱"理论与精益创业的理念有异曲同工之妙：通过快速经历失败并从中汲取经验，创业者可以在最短时间内调整方向，实现更大的成功。

Twitter（X平台的前身）最初并非社交平台，而是一个内部沟通工具，名为"Twttr"。它最早是由Odeo公司开发的，但由于iTunes推出的Podcast功能压倒了市场需求，Odeo团队意识到他们的产品并没有真正满足市场需求。于是，团队快速放弃了原有项目，转向开发Twitter这一社交平台。在经历了快速的失败和调整后，Twitter最终成为全球最大的社交媒体之一。

快速失败的关键在于不要害怕失败，而是要从中学习并快速调整策略。在精益创业方法中，失败被视为一个必要的学习过程，是创业者不断进步和优化产品的动力源泉。

构建可扩展的业务模式：从小范围试验到全规模运营

精益创业鼓励创业者在早期阶段进行小范围试验，验证市场需求后再进行大规模的扩展。这一策略有助于避免在尚未验证的商业模式上投入过多的资源。通过分阶段验证并逐步扩展，创业者能够确保自己的商业模式具有可持续性和可扩展性。

Airbnb（爱彼迎）的创始人在公司初创时并没有直接投入大量资金开发一个完美的平台，而是通过自己在家里设立临时床位来测试是否有消费者愿意通过互联网租赁房间。这个小规模的实验验证了市场需求，并为后续的业务扩展打下了基础。通过逐步扩展平台，Airbnb成功地构建了全球领先的共享经济平台。

小范围试验和逐步扩展的策略可以帮助创业者避免一次性的大规模投入。通过验证每一步的商业假设和产品功能，创业者可以确保企业在扩展过程中不会出现巨大的资源浪费或失误。逐步扩展也有助于创业者积累经验，在实际运营中发现并解决潜在的问题。

客户开发：真正理解客户需求

在《精益创业》中，莱斯强调了"客户开发"的重要性。通过不断与客户进行互动和反馈，创业者能够深刻理解客户的真实需求，从而更好地调整产品和服务，以符合市场需求。

Uber（优步）在初创阶段时，创始人并没有急于在全球范围内扩展，而是集中精力通过与早期用户的互动，深入了解他们的需求和痛点。通过这种客户开发的方式，Uber逐渐优化了用户体验，确保其打破传统出租车行业的壁垒，最终在全球范围内取得成功。

客户开发不仅仅是收集客户意见，更重要的是通过与客户的深度互动来揭示他们真正的需求。通过将客户反馈作为产品迭代的重要依据，创业者能够确保自己的产品和服务具有市场竞争力，并能够满足目标用户的核心需求。

13 《一网打尽：贝佐斯与亚马逊时代》
（布拉德·斯通）
——如何打造全球最大的电商帝国？

　　《一网打尽：贝佐斯与亚马逊时代》是布拉德·斯通（Brad Stone）撰写的一本深入剖析亚马逊崛起历程的著作。书中详细描述了亚马逊如何通过大胆的战略创新、精细化的运营管理，以及对市场需求的精准把握，成为全球最大的电商平台之一。这本书不仅为读者揭示了亚马逊成功的内在逻辑，也为创业者和企业家提供了关于如何在快速变化的市场中保持竞争力的深刻启示。布拉德·斯通通过大量的第一手资料、采访和案例分析，带领我们走进了这个商业巨头背后的思维与决策，探索了亚马逊如何通过"客户至上""长远视角"和"创新与技术"等来实现跨越式发展。

客户至上：始终将客户放在首位

　　亚马逊的成功首先得益于其"客户至上"的核心理念。从创立伊始，杰夫·贝佐斯（Jeff Bezos）便提出："我们始终从客户需求出发，倒推我们的产品和服务。"在亚马逊，客户的需求和满意度始终是公司战略的核心。

　　亚马逊推出了前所未有的"Prime会员"服务，这项服务不仅为用户提供了免费的快速配送服务，还包括了视频和音乐流媒体服务。这一创新使得消费者愿意为"会员专享"待遇支付年费，而亚马逊通过这一忠实客户群体的增加，进一步扩大了市场份额。通过对客户需求的精准把握，亚马逊不断提升客户的忠诚度和体验感。

"客户至上"并非空洞的口号,而是渗入到亚马逊每一项业务决策中的核心价值。通过不断创新和改进服务,亚马逊不断提高客户满意度,进而推动了销售额和市场份额的增长。

长远视角:为了未来的成功不惜当前的亏损

杰夫·贝佐斯一直强调亚马逊的发展战略是建立在"长期投资"和"长远规划"之上的。亚马逊愿意在初期阶段承受亏损,甚至放弃短期利润,换取未来的巨大市场份额和业务扩展。这样的战略确保了亚马逊能够在竞争激烈的市场中持续创新,并获得领先地位。

在亚马逊刚开始扩展其市场份额时,贝佐斯坚持不在乎短期的盈利,而是将大量资金投入到仓库建设、物流基础设施建设和技术研发上。尽管当时亚马逊的财报(财务报表)显示亏损,但这一战略为亚马逊提供了未来持续增长的基础。如今,亚马逊的物流系统和技术平台已经成为其全球竞争力的核心资产。

长期视角让亚马逊能够专注于未来的发展,而不是被短期的财务波动所困扰。贝佐斯的这一战略促使公司在早期阶段就进行了大量的资本投入,奠定了其在全球电商市场的领导地位。通过专注于未来的成功,亚马逊在短期的财务压力面前,表现出了前所未有的耐心和决心。

创新与技术:不断突破边界,推动行业革命

亚马逊的成功与其持续的技术创新密不可分。从早期的电子书阅读器Kindle到现如今的Alexa语音助手,亚马逊始终站在技术创新的前沿。公司不断推动自有技术的研发,将其应用于电商、物流、云计算等各个领域,成功引发了多次行业革命。

亚马逊的AWS（亚马逊云计算服务）是公司历史上最重要的创新之一。AWS的推出不仅让亚马逊成为全球最大的云计算服务商，还为无数初创公司提供了低成本、灵活的云服务解决方案。AWS的成功推动了整个云计算行业的发展，亚马逊通过提供云计算平台，进而获得了更为多元化的收入来源，减少了对零售业务的依赖。

技术创新是亚马逊能够保持市场领先地位的关键驱动力之一。通过持续的技术研发，亚马逊不仅增强了其电商平台的竞争力，还通过AWS等创新项目开辟了全新的商业模式。这种跨领域的创新不仅帮助亚马逊拓宽了市场，也推动了全球科技行业的发展。

数据驱动：用数据优化运营和决策

亚马逊的运营模式深受数据驱动的影响。公司通过分析海量的数据来优化库存管理、供应链、客户行为分析等方面的工作。精细化的运营策略和对数据的精准把控，使得亚马逊能够在全球范围内实现高效运营，快速响应市场变化。

亚马逊利用数据来预测消费者的购物行为，进而优化库存管理。通过对用户搜索和购买行为的实时分析，亚马逊能够在某些商品的高峰需求期来临前提前补充库存，确保产品能够及时到达消费者手中。这种精准的数据分析能力提升了客户的购物体验，使亚马逊能够在全球电商市场中占据领先地位。

数据驱动的决策让亚马逊能够在全球范围内保持高效运作。通过对用户行为、供应链和销售数据的深入分析，亚马逊能够提升每一环节的效率，确保商品能够快速、精准地被配送给消费者。精细的数据管理不仅提升了运营效率，也为亚马逊创造了巨大的商业价值。

无界竞争：通过多元化实现行业霸主地位

从电商起步，亚马逊不断扩展其业务领域，涉足了云计算、视频流媒体、人工智能、无人机配送等多个行业。公司通过多元化的业务布局，打破了行业的界限，逐渐发展成一个跨行业的商业帝国。

亚马逊收购了Whole Foods超市（全食超市），进入了传统零售领域。通过将线上购物与线下超市相结合，亚马逊不仅拓展了自己的业务范围，还为顾客提供了更加便捷的购物体验。这一收购不仅帮助亚马逊打破了传统零售的壁垒，也为其提供了更强的线下竞争力，推动了线上线下的融合。

亚马逊的多元化战略成功地打破了传统的行业界限，使公司能够在多个行业中获得竞争优势。通过不断拓展业务领域，亚马逊能够在不同市场中找到新的增长点，减少对单一业务的依赖，保证了公司的长期稳定发展。

灵活性与快速决策：如何在变化的市场中迅速应对

亚马逊的成功还在于其灵活的运营模式和快速的决策机制。在竞争激烈的市场环境中，亚马逊能够迅速调整策略和资源配置，适应市场变化。无论是电商领域的竞争，还是在面对新的技术和客户需求时，亚马逊都能够快速做出反应。

当竞争对手如沃尔玛和塔吉特加强在线销售时，亚马逊迅速加强了其物流和配送系统建设，确保在消费者面临选择时能够提供更快、更便捷的购物体验。通过快速调整战略，亚马逊不仅应对了竞争压力，还进一步巩固了其市场领导地位。

　　灵活性和快速决策能力使得亚马逊能够始终站在行业的前沿。面对变化，快速调整战略并将资源投入到最有可能带来回报的领域，确保了亚马逊能够在激烈的市场竞争中脱颖而出。

14 《文化密码》（丹尼尔·科伊尔）
——如何用文化驱动企业成长？

《文化密码》是丹尼尔·科伊尔（Daniel Coyle）的经典之作，书中深入探讨了企业和团队文化如何成为推动成功的关键因素。通过对多个高效团队和成功企业的案例分析，科伊尔揭示了那些从竞争激烈的环境中脱颖而出的团队和组织所具备的共同特征。这本书提供了一种全新的视角，帮助领导者和企业家理解如何构建并维持一支高度协作、富有创造力和执行力的团队。科伊尔的核心观点是：企业和团队的成功不仅仅依赖于战略和技术，还与深植在组织中的文化密切相关。文化是一种无形的力量，能够影响员工的态度、行为和工作方式。通过正确理解和塑造企业文化，领导者能够在复杂多变的商业环境中建立持久的竞争优势。

文化的三大支柱：安全感、分享和使命感

科伊尔通过研究多种高效团队，发现所有成功的团队和企业都围绕三个核心支柱建立了强大的文化，分别是安全感、分享和使命感。这三者是员工合作与创新的基础，能够有效激发团队的积极性和创造力。

美国特种部队海豹突击队的成功不仅仅依赖于其成员的个人技能，更在于他们建立了一种强大的团队文化。团队成员之间彼此信任，互相支持，并且所有人都明白自己的使命是什么。海豹突击队在执行任务时，成员之间无论是在心理上还是在生理上，都有着强烈的安全感，这使得他们能够高效协作，完成极具挑战性的任务。

企业文化中的"安全感"意味着员工可以在没有恐惧的环境中表达意见和创新，不会因失败而遭到批评或惩罚；"分享"指的是知识和信息的流动，这种开放性能够促进团队的学习和协作；"使命感"则是确保团队成员对目标的高度认同和执着，这能够将团队的能量集中起来，取得超高的业绩。

文化塑造：领导者的行为是关键影响力

科伊尔强调，领导者的行为直接塑造了团队和公司的文化。领导者不仅要在言辞上强调文化价值观，更要通过自身的行为和决策来践行这些价值观。领导者的每一个行动和决定都会在团队中留下深刻的印象，并影响团队文化的形成。

在皮克斯动画公司，创始人之一约翰·拉赛特通过亲自参与动画制作、与团队成员紧密合作来树立"创新与合作"的文化。他的亲力亲为让员工深刻理解了公司文化的核心——每个人都可以贡献创意，任何想法都值得被听取。这种文化氛围为皮克斯带来了无数经典动画电影，也确保了团队成员的高度凝聚力和创造力。

领导者的行为是文化的"风向标"。领导者的一言一行，无论是公开的发言，还是日常的决策和行为，都深刻影响着团队的价值观和行为模式。通过言行一致，领导者可以有意识地塑造团队文化，确保每一个团队成员都能够感受到文化的力量并加以贯彻。

小的积极行动：如何从细节中构建文化

《文化密码》强调，文化并不是一蹴而就的，而是通过细节和日常的小行动逐步积累起来的。领导者和团队成员通过小的、日常的行为，逐步塑造出一种健康、积极的文化氛围。

在谷歌，部分员工每天都有"站立会议"，团队成员需要在会议中简洁地分享自己的工作进展和困难。这种短小而频繁的互动不仅帮助团队成员及时沟通问题，还加强了团队之间的协作和信任。通过这一小小的举措，谷歌在全球范围内成功建立了高效、协作的工作文化。

小的行动常常能产生巨大的文化效应。例如，定期召开沟通会议、集体决策、分享成功和失败的经验等，都是文化塑造的重要组成部分。这些看似简单的日常行为和习惯，能够潜移默化地影响员工的工作态度，最终促进团队文化的形成和优化。

文化的核心驱动力：信任与透明

信任是高效团队文化的基石。科伊尔认为，建立信任与透明度是创造高效文化的核心。领导者通过建立透明的沟通渠道和决策过程，能够增强团队的凝聚力，并确保每个成员都能感受到公平和尊重。

在SAS公司，领导层始终坚持对员工保持信任，确保公司运营各个环节的透明，为员工提供优厚的福利和职业发展的机会。公司不仅为员工提供了一流的办公设施和灵活的工作时间，还定期与员工沟通公司业务的进展和未来的方向。这种高度的信任和透明度让SAS的员工保持了极高的忠诚度和满意度，帮助公司保持了长期的竞争优势。

信任与透明的文化能够有效减少员工的不安与怀疑，提高团队的协作和执行力。领导者通过诚实、透明地传达公司的目标和战略，使得员工能够准确理解公司的愿景，并主动参与到组织的发展中来。这种文化氛围为公司带来了高度的员工满意度和显著提升的工作效率。

文化的塑造：从招聘到日常行为

科伊尔认为，文化的塑造不仅仅依赖于领导者的行为和决策，员工的选拔和招聘也起到了至关重要的作用。通过招聘那些与公司文化高度契合的人才，企业能够确保文化在每个环节中得以贯彻和延续。

在Facebook（脸书），马克·扎克伯格非常重视招聘过程中的文化适配性，而不仅仅关注技术或学历背景。公司注重招聘那些与企业"开放、协作、敢于创新"文化相符的员工。新员工不仅需要具备专业技能，还需要展现出适应公司文化的能力。这种文化匹配的招聘策略，帮助Facebook维持了高度协同的工作氛围，使得团队能够共同推动公司的快速发展。

招聘与文化的契合性是企业文化的根基。通过明确的文化价值观，企业可以筛选出那些能够与团队文化价值观相契合的成员，并通过培养和强化文化认同感，确保文化在整个组织中的传递和落实。这样的做法有助于保持企业文化的稳定性，并提升员工的工作效率和满意度。

文化的可持续性：在快速变化中保持核心价值观

科伊尔指出，随着企业的成长和环境的变化，维持和传承企业文化是一项巨大的挑战。尤其是在全球化和快速发展的时代，如何确保企业文化在变革中依旧保持一致性，成为许多企业面临的重要课题。

苹果公司在全球扩张和不断创新的过程中，始终保持其"极致设计"和"用户体验至上"的文化核心。无论是在产品研发、市场营销，还是在与合作伙伴的互动中，苹果公司始终围绕这两个核心价值进行运作。即便公司在管理结构、产品线等方面进行大规模变革，文化核心始终未变，这使得公司在全球市场中始终保持着一致性和强大的品牌影响力。

　　企业文化的可持续性依赖于明确的核心价值观和文化传承机制。在面对市场变化时，企业必须通过不断加强核心价值观的内化和执行，确保文化的传承。这不仅需要高层领导的引领，还需要通过内部培训、开展文化活动等方式，使文化渗透到员工的日常工作和行为习惯中，从而增强文化的生命力和适应性。

15 《沃尔玛效应》（查尔斯·费什曼）
——如何通过低价策略打造零售帝国？

《沃尔玛效应》是查尔斯·费什曼（Charles Fishman）对零售巨头沃尔玛在全球商业领域产生的深刻影响所进行的深入分析。这本书不仅探讨了沃尔玛如何通过高效的供应链和强大的成本控制，成为全球最大的零售商，还分析了其商业模式对社会、供应商和消费者的深远影响。书中揭示了低价背后的复杂关系，提出了沃尔玛在推动经济发展的同时，也带来了商业伦理和社会责任的挑战。沃尔玛效应的核心在于它如何以低价策略为基础，通过极致的运营效率和规模化的采购，彻底改变了零售行业的游戏规则。

低价战略：通过规模化采购赢得市场

沃尔玛以"天天低价"闻名于世，这不仅是其营销口号，也是其商业模式的核心。在沃尔玛，通过规模化采购和高效供应链管理，公司能够以极低的成本向消费者提供商品，同时不断压低供应商的价格。

沃尔玛在采购日常商品时，通过直接与制造商合作，绕过中间商，以更低的价格购买大批量的商品。例如，在一次采购洗衣液的谈判中，沃尔玛要求供应商以更低的价格提供产品，并承诺大规模采购以保证供应商的销售额。这种大批量采购的模式，不仅降低了商品成本，也帮助沃尔玛实现了更高的利润率。

低价战略不仅为沃尔玛赢得了广泛的消费者青睐，也对供应商提出了更高的要求。虽然这种战略增强了沃尔玛的竞争力，但也给供应商带来了巨大的成本压力。通过规模化采购，沃尔玛实现了成本的极致优化，巩固了其在零售行业中的霸主地位。

供应链管理：打造零售行业的标杆

费什曼指出，沃尔玛成功的另一关键因素是其全球领先的供应链管理能力。公司通过高效的物流系统和数据驱动的库存管理，大幅度降低了运营成本，并确保商品能够及时送达每一家门店。

沃尔玛在物流配送中采用了先进的卫星追踪技术和数据分析系统。通过实时追踪每一辆货车的动向，公司能够快速调整运输路线，并确保货物按时交付。例如，在某次飓风来袭前，沃尔玛的物流团队提前预测到某些生活必需品的需求会暴增，因此迅速将这些商品运送到受影响地区的门店，确保了供应的充足。

沃尔玛的供应链管理被视为行业标杆，它不仅通过技术提升了效率，还通过减少库存积压和运输浪费，优化了资源分配。这种模式不仅让沃尔玛能够在价格竞争中占据优势，也为其他零售企业提供了学习的典范。

客户导向：以消费者需求为核心

费什曼认为，沃尔玛的成功也离不开其对客户需求的高度关注。公司通过深入分析消费者行为，精确了解他们的购买习惯和需求，从而调整产品线和定价策略，确保每一位消费者都能找到所需的商品。

在节假日购物高峰期间，沃尔玛根据过往数据，提前在门店内布置好热销商品的位置，例如玩具和节日装饰品。通过这种细致的消费者需求分析，沃尔玛不仅提升了顾客的购物体验，还大幅增加了销售额。

客户导向是沃尔玛始终如一的经营哲学。从门店布局到商品选择，沃尔玛通过精准的数据分析和消费者洞察，将客户需求转化为具体的行动。通过满足消费者的期望，沃尔玛成功构建了强大的品牌忠诚度。

全球化扩张：如何在国际市场复制成功模式

沃尔玛的全球化扩张战略是其取得巨大成功的另一个重要因素。通过将成熟的低价模式和高效供应链引入海外市场，沃尔玛成功将业务扩展到了多个国家和地区。然而，不同市场的文化和经济环境也对其扩张战略提出了新的挑战。

在墨西哥市场，沃尔玛通过与当地供应商合作，引入更多本地化商品，并针对当地消费者的购物习惯调整了门店布局。这种因地制宜的策略，使得沃尔玛迅速成为墨西哥最大的零售商之一。

全球化战略要求企业在标准化和本地化之间找到平衡点。沃尔玛通过灵活调整其商业模式，确保能够适应不同市场的需求和文化。这种策略不仅帮助沃尔玛成功进入海外市场，也为其他全球化企业提供了宝贵的经验。

技术创新：引领零售行业的未来

沃尔玛在技术领域的持续投入，是其能够保持市场领先地位的重要原因。公司通过采用人工智能、大数据分析和自动化技术，不断提升运营效率，并为客户提供更智能化的购物体验。

沃尔玛推出了智能购物车系统，该系统能够实时追踪顾客的购物进程，并根据顾客购物习惯推荐相关商品。这种技术不仅提高了客户体验，还增加了额外的销售机会。

技术创新是沃尔玛不断发展的重要驱动力。通过引入最新的科技，沃尔玛能够持续优化其商业模式，确保在激烈的市场竞争中始终保持优势地位。未来，随着更多技术的应用，沃尔玛将有可能进一步引领全球零售行业的变革。

逆向创新：通过低成本商品满足全球市场需求

沃尔玛不仅在美国国内市场采用低价战略，还通过逆向创新，帮助全球范围内的消费者获得价格亲民的商品。这种战略不仅体现在发展中国家的市场，还在发达国家的市场中逐步推行，打破了传统的市场定位和产品定价方式。

沃尔玛在进入印度市场时，意识到印度消费者对价格敏感，而对商品的质量和规格要求不高。沃尔玛通过与当地供应商合作，采用逆向创新的方式，设计和生产适合当地市场的低成本商品。这一策略不仅迎合了印度市场的需求，也帮助沃尔玛迅速在竞争激烈的市场中占据了领先地位。

逆向创新的关键在于了解目标市场的消费者需求，并通过调整产品规格、供应链管理等手段，将商品成本降至最低。通过这一策略，沃尔玛能够满足全球市场上不同消费者的需求，并进一步扩大其市场份额。

社会责任：商业模式的两面性

尽管沃尔玛在推动低价和高效运营方面取得了巨大成功，但费什曼也一针见血地指出，其商业模式会引发关于社会责任的争议。供应商被迫压缩利润、员工待遇问题，以及对小型零售商的冲击，成为沃尔玛效应中不可忽视的一面。

在与某小型供应商的合作中，沃尔玛提出了极为苛刻的价格要求，使得该供应商不得不压缩生产成本，甚至减少员工数量以维持运营。这种做法尽管帮助沃尔玛实现了低价，但也引发了外界对其商业伦理的质疑。

沃尔玛的社会责任问题提醒企业在追求利润和规模化发展的同时，必须考虑其商业模式对社会的长期影响。通过建立更为公平的合作机制和提升员工福利，沃尔玛或许可以在未来实现经济效益与社会效益的平衡。

16 《论浑人》（罗伯特·萨顿）
——如何避免"疯"掉的企业文化？

《论浑人》是罗伯特·萨顿（Robert Sutton）的经典之作，书中深入探讨了"企业文化"对组织成败的深远影响。萨顿通过对多家知名公司文化的剖析，揭示了那些充满"疯狂"元素的企业文化如何在激烈的市场竞争中自我毁灭，并提出了一系列方法，帮助公司避免走向极端，建立健康、积极的企业文化。本书的核心理念是：良好的企业文化不仅能增强员工的归属感、创新力和执行力，还能够帮助公司在面对挑战时保持弹性和竞争力。通过识别并避免企业中的"疯狂"因素，领导者能够为员工创造一个更加高效和充满活力的工作环境，从而推动企业的持续成功。

疯狂的公司：极端文化的负面影响

萨顿通过分析许多知名企业的文化，指出了那些过度强调竞争、忽视人性的"疯狂"文化，最终往往导致企业的失败。极端文化可能产生压迫性氛围，逼迫员工在高压下进行不健康的工作，这不仅影响员工的精神和身体健康，也会削弱团队的创造力，损害团队的协作能力。

某知名互联网公司曾经盛行"工作至死"的文化，员工经常加班到深夜，甚至周末也无法休息。尽管短期内这种文化推动了公司业绩的增长，但随着时间推移，员工的离职率大幅上升，团队的创新力逐渐下降，公司的品牌形象也受到了严重影响。最终，公司意识到这种文化的弊端，并开始调整，关注员工的健康和工作生活的平衡，结果公司不仅稳定了员工队伍，还提高了整体的生产力。

极端的工作文化虽然短期内可能带来业绩提升，但从长远来看，往往会对企业造成伤害。企业需要在提升业绩和关怀员工之间找到平衡点，创造一个健康且具有可持续性的工作环境，以确保长远发展。

文化中的"隐性规则"：如何识别和打破有害的习惯

萨顿在书中指出，许多公司在无意中形成了"隐性规则"——这些规则并没有明确写在公司手册里，却在日常工作中形成了对员工行为的潜在规范。这些隐性规则可能看似无害，但往往会阻碍创新的发展和效率的提升，甚至会导致"疯狂"的文化现象。

在一家大型金融公司中，曾经存在着一种隐性规则，即"优先考虑内部晋升"。尽管公司在招聘手册中明确表示会根据员工的能力和表现进行公正的晋升，但在实践中，很多高层职位几乎都由公司内部员工填补，而外部候选人几乎没有机会。这种隐性规则虽然在某些员工中培养了归属感，但也导致了人才的流失，尤其是外部的优秀人才由于无法看到晋升机会，选择了离开。

隐性规则是公司文化中难以察觉，但却深刻影响员工行为和组织氛围的重要因素。虽然这种规则可能一开始是出于维持稳定或增强团队忠诚度的目的，但如果不加以审视，它们往往会限制公司的发展潜力和员工的创造力。

组织中的"疯狂"：领导者的行为是文化的风向标

萨顿强调，领导者的行为和决策直接影响公司的文化。领导者的一言一行，不仅会对团队的氛围产生直接影响，还会深刻影响员工的情绪、态度和工作表现。因此，领导者必须时刻关注自己的言行，避免不良文化的滋生。

　　在一家全球领先的消费品公司，CEO始终保持与员工的开放沟通，并定期举行"全员大会"，解答员工关心的问题，分享公司的发展计划和未来目标。通过这种行为，领导者展示了透明和包容的管理风格，赢得了员工的信任和尊重。与此同时，员工的积极性得到了提升，公司的整体运营效率也得到了显著提高。

领导者的行为对企业文化有着无可比拟的影响力。通过树立良好的榜样，领导者能够引导团队朝着健康、积极的方向发展。领导者需要通过日常的言行和决策，积极营造一个正向的工作氛围，避免过度控制、压迫或忽视员工的情感需求。

员工激励与"疯狂"管理：如何找到平衡

萨顿认为，很多企业之所以出现"疯狂"的文化，是因为领导者过度追求业绩和效率，而忽视了对员工的激励和关怀。虽然高效的管理方法对提高企业绩效至关重要，但企业必须找到正确的激励方式，确保员工不仅在精神上得到认可，也在工作中获得成就感和满足感。

　　某跨国公司在全球范围内推行了"OKR"管理模式，即目标与关键结果法（Objectives and Key Results）。该模式不仅清晰地设定了每个团队的工作目标，还根据员工的表现实施个性化的激励措施，如提供晋升机会、奖金和职业发展支持。这种方式确保了员工的积极性，并避免了单纯追求业绩而忽视员工情感的"疯狂"管理文化。

员工的激励机制是企业文化的重要组成部分。通过合理的激励措施，企业能够提高员工的工作动力和满意度，从而提升整体效率和创新能力。领导者需要意识到，激励不仅仅依赖于物质奖励，更需要在精神层面给予员工足够的认可和支持。

"疯狂"的终结：企业文化的自我修复与进化

《论浑人》中强调，企业文化是一个动态发展的过程，随着市场和社会环境的变化，企业文化也需要进行相应的调整和修正。通过自我反思和修复，企业能够从"疯狂"的文化状态中走出，并重新塑造健康的文化氛围。

在一次重组后，某全球化企业发现其内部的管理层与员工之间存在严重的沟通问题，导致团队协作效率低下。公司决定通过引入定期的反馈机制、员工满意度调查和培训课程来改进管理方式。通过这一系列的修复措施，公司逐步从"疯狂"的文化状态中走出，并恢复了健康、积极的工作氛围。

企业文化并不是一成不变的，它需要随着公司的发展和外部环境的变化而不断进化。领导者需要定期反思和评估文化的健康状况，并采取适当的调整措施，以确保文化始终与公司战略和员工需求相契合。

"疯狂的成功"：短期高效与长期可持续的悖论

书中进一步探讨了"疯狂的成功"这一概念。许多企业或许能在极端的工作文化的驱动下，短期内获得巨大成功，但这种成功往往是不可持续的。长期处于极度压力下，员工的创造力、忠诚度和工作满意度都会大打折扣，最终可能导致团队的整体衰退。

一家快速成长的初创企业，在其创业初期通过严苛的目标设定和高压文化迅速拓展市场份额。然而，随着员工疲劳感和压力的积累，公司的创始人发现团队开始出现沟通不畅、创新受阻的现象。经过反思，公司领导层决定重塑工作文化，推动营造更为开放、支持的环境，最终确保了企业在可持续发展的道路上走得更远。

"疯狂的成功"往往是建立在高压文化上的短期结果。这种文化看似促进了快速增长，实际上却埋下了长期的隐患。企业需要警惕这种短期成功的诱惑，避免过度依赖极端管理方式。通过建立更加健康、平衡的工作环境，公司不仅能够获得长期的竞争优势，还能确保员工的长期创造力和忠诚度。

17 《团队协作的五大障碍》（帕特里克·兰西奥尼）
——如何打造一个充满信任的团队？

帕特里克·兰西奥尼（Patrick Lencioni）在《团队协作的五大障碍》一书中，揭示了高效团队协作中经常遇到的五大核心障碍。这些障碍常常是团队失败的根源，但它们并非无法克服。通过识别和解决这些问题，团队可以建立更强的信任、开放的沟通和一致的目标，从而在协作中实现卓越。书中通过真实案例和实践建议，详细说明了如何打造一个克服障碍、充满信任和高效的团队。接下来，就让我们看一看兰西奥尼所提到的五大障碍分别是什么，以及如何克服这五大障碍。

缺乏信任：团队协作的基础被破坏

兰西奥尼指出，团队成员之间的信任是协作的基石。如果团队成员之间缺乏信任，他们就会隐藏自己的错误，不愿分享真实想法，导致团队内部交流出现障碍。

在一家初创公司中，产品研发团队因担心被批评而不愿坦诚分享进度中的问题，结果导致某款产品在发布前暴露出严重缺陷。公司管理层意识到信任问题后，开展了专门的团队建设活动，鼓励成员公开讨论错误并相互支持。通过这些努力，团队逐渐建立了信任，产品开发流程也变得更加高效。

信任是高效团队的核心。在一个缺乏信任的团队中，成员会花费大量精力保护自己，而不是专注于团队目标。通过培养开放、坦诚的沟通文化，领导者可以帮助团队成员放下戒备，从而构建一个互相信任的工作环境。

恐惧冲突：团队内部意见无法充分表达

许多团队回避冲突，害怕讨论中产生的矛盾会伤害团队关系。然而，兰西奥尼认为，建设性的冲突是团队成长的关键。如果没有健康的争论，团队就无法深入探讨问题，也难以找到最佳解决方案。

某零售公司的营销团队在制定新季度策略时，多个成员对计划有不同的看法，但因害怕得罪领导或同事，未能在会议中提出异议。最终，执行的策略未能获得市场认可。为了改善这一问题，公司引入了"辩论会议"机制，鼓励成员在做出决策前积极讨论，提出不同意见。这种方式不仅提升了方案的质量，也让团队成员感受到了尊重。

健康的冲突是团队决策的润滑剂。领导者应鼓励成员表达不同观点，创建一个能安全讨论分歧的环境。通过合理引导，冲突不仅不会破坏团队关系，反而会提升决策的深度和增强团队的凝聚力。

缺乏承诺：目标不清导致行动力低下

在团队缺乏明确目标或一致认同的情况下，成员很难全身心投入工作，甚至会出现拖延或执行不力的现象。兰西奥尼指出，承诺是团队协作的驱动力。

一家科技公司的跨部门团队在开发新产品时，因目标定义模糊，各部门对优先事项的理解不一致，导致进展缓慢。项目经理意识到问题后，组织了一次目标重申会议，将团队的任务细化为具体的可衡量目标，并让每个成员明确自己的责任。结果，团队的执行力显著提高，新产品也按时推出。

缺乏承诺常常源于目标不明确或团队内部没有达成一致。领导者需要确保团队对目标有清晰的理解，并通过公开讨论和承诺让每个人都感受到自己的责任感，从而提升行动力和执行效率。

逃避责任：团队成员缺乏对结果的担当

兰西奥尼认为，团队成员如果不愿对自己的任务负责，团队整体表现将受到严重影响。当责任被模糊化或推卸时，协作的效率就会大打折扣。

在一家大型制造企业中，质量管理团队发现，因职责分配不清，出现了多次产品检测失误。公司高层决定实施"责任地图"，明确每个成员的具体任务和交付标准，同时引入了定期的工作反馈机制，帮助团队成员承担起各自的责任。这种透明化管理极大地减少了失误，并提升了团队协作的质量。

逃避责任的问题可以通过明确分工和建立问责机制来解决。领导者需要帮助团队清晰划分每个人的职责，并通过定期反馈和绩效评估，激发团队成员的责任感，确保每个人都能为结果负责。

忽视结果：团队目标被个人利益取代

当团队成员更关注个人利益而非团队目标时，团队协作将难以维持。兰西奥尼指出，真正高效的团队会优先考虑整体目标，并以共同成果为驱动力。

某销售团队曾因成员之间竞争激烈，各自追求个人销售业绩，导致客户资源分配不均，公司整体业绩下滑。为解决这一问题，公司调整了绩效考核机制，将团队的整体销售额作为重要考核指标，并奖励协作性强的行为。结果，团队间的竞争逐渐转变为协作，整体业绩迅速回升。

忽视结果的现象常源于考核机制的不平衡或文化导向的缺失。通过设置清晰的团队目标和奖励机制，领导者可以引导成员优先关注整体成果，建立更具协作性的工作环境。

建立团队协作的良性循环

兰西奥尼在书中提出，团队协作的五大障碍是环环相扣的，解决一个障碍往往能促进其他问题的改善。例如，建立信任能够降低对冲突的恐惧，而健康的冲突有助于达成清晰的目标和承诺。这种良性循环能够帮助团队不断提升协作水平。

某非营利组织在经历了多次项目延期和内部协作不畅后，决定从根本上解决团队中的信任和冲突问题。该组织首先组织了多次团队建设活动，增强成员之间的信任，并通过开放式讨论解决了长期积累的分歧。随后，领导层引入了明确的目标设定和责任分担机制，确保每位成员对项目的关键任务和结果负责。通过这些改变，团队成员之间的合作变得更加顺畅，工作效率显著提高。

团队协作的改善需要系统化的思维。领导者应识别团队的主要障碍，从解决信任问题开始逐步推动团队进入正向循环，以此建立长期的高效协作机制。

18 《第五项修炼》（彼得·圣吉）
——如何缔造一个学习型组织？

《第五项修炼》是彼得·圣吉（Peter Senge）撰写的一本管理学经典著作，提出了"学习型组织"的概念，强调通过系统思考来解决复杂问题并持续改进。圣吉认为，只有不断学习和适应变化的组织，才能在复杂多变的商业环境中保持竞争力。书中的"五项修炼"即自我超越、改善心智模式、创建共同愿景、团队学习和系统思考，为组织的持续成长和变革提供了全新视角。

自我超越：不断突破个人极限

自我超越是"五项修炼"中的第一项。圣吉指出，个人成长是学习型组织的基础。自我超越不仅指追求个人技能的提高，还包括对自我潜力的不断探索和突破。组织中每个个体的成长，最终都会推动整个团队和组织的进步。

以Nike（耐克）为例，该公司鼓励员工持续学习和自我成长。公司内部设有Nike University（耐克大学），为员工提供多种课程，包括领导力、创新和数字化转型等内容。通过这些学习项目，Nike激发了员工的创造力和主动性，使他们在不断自我超越的过程中为公司创造更多价值。

自我超越不仅提升了员工的个人能力，也增强了团队的整体创新力和适应能力。组织可以通过创建学习机会、提供反馈和鼓励冒险精神，帮助员工不断挑战自我，从而推动组织整体进步。

改善心智模式：打破思维定势，迎接创新

心智模式指的是人们对世界的认知方式和习惯性思维。圣吉强调，要想成为真正的学习型组织，必须学会识别并挑战那些可能限制组织进步的思维模式。通过改善心智模式，组织能够打破陈旧的思维定势，推动创新与变革。

Adobe公司在多年前决定改变其传统的永久软件授权模式，转向基于云的订阅服务。这一决策打破了公司长期以来的销售思维模式，虽然在转型初期面临巨大挑战，但最终结果证明，这一变化不仅帮助Adobe获得了更稳定的收入流，还极大地提升了用户体验和产品更新的灵活性，使其成为行业标杆。

改善心智模式不仅能够帮助组织突破行业限制，还能增强组织应对外部变化的能力。通过持续反思和挑战传统认知，企业可以捕捉到更多的创新机会。

创建共同愿景：凝聚共识、激发动力

圣吉强调，共同愿景能够在组织中形成一种强大的共同目标感，使成员愿意为集体的成功而努力。这种愿景不仅仅是组织的未来愿景，它还能够激发个体的内在动力，使他们超越个人利益，投身于团队和组织的长远目标中。

某公益组织在面临资金困境和组织人员流动时，重新审视并更新了其愿景，将其定义为"为弱势群体带来可持续的改变"。这一愿景深深打动了全体员工和志愿者，大家开始积极集结资源，并通过合作拓展了更多的社会项目。最终，该组织不仅克服了经济困难，还获得了更多的社会支持和合作伙伴，成功实现了多个社区项目的落地。

共享愿景是一种强大的组织纽带，它将个体的力量转化为集体的行动。通过创建一个能够引起共鸣的愿景，领导者能够让每个成员都看到自己在组织中的价值和意义，从而提升工作动力和整体协作效率。

团队学习：通过协作实现持续进步

团队学习是学习型组织的核心修炼之一。圣吉指出，真正的团队学习不仅是信息的共享，还通过讨论、反思和协作，共同提高团队整体的思考和决策能力。一个善于学习的团队能够不断调整策略，适应新的挑战。

波音公司（Boeing）在研发新型飞机时，采用了跨部门团队协作的模式，鼓励不同领域的专家进行深度交流和合作。通过这种团队学习的方式，波音不仅提高了研发效率，还大幅度减少了产品缺陷，提升了整体质量。

团队学习不仅能够提高团队整体的智慧，还能增强团队成员的归属感和信任感。组织应鼓励团队反思经验，分享成功与失败，从而不断提高团队的应变能力和创新力。

系统思考：从整体视角解决复杂问题

系统思考是圣吉提出的第五项核心修炼，强调从整体视角看待问题，而不是被表面现象或单一事件所迷惑。系统思考帮助组织认清各个因素之间的相互影响，找出问题的根源，避免头痛医头、脚痛医脚的短视行为。

宜家（IKEA）的供应链管理就是系统思考的成功范例。宜家不仅关注产品设计和成本，还从供应链、仓储和物流等多方面进行整体优化，确保以最低的成本提供高质量产品。同时，它通过系统化思考调整全球供应网络，及时响应市场变化，保持了在家具零售行业的竞争优势。

系统思考要求企业打破部门之间的壁垒，从整体出发，识别潜在的长期风险与机会。这不仅能够帮助组织做出更精准的决策，还能防止短期解决方案引发更大的问题。

19 《不拘一格：Netflix 和重塑文化》
（里德·哈斯廷斯）
——如何通过独特文化建立全球领先的企业？

《不拘一格：Netflix和重塑文化》是由奈飞（Netflix）创始人里德·哈斯廷斯（Reed Hastings）与公司高层共同编写的企业文化指导书。书中详细阐述了奈飞如何通过一套独特且富有前瞻性的文化价值观，成功打造了一个全球领先的娱乐帝国。与许多公司强调流程和管理不同，奈飞的文化手册强调的是"自由与责任"，即赋予员工更高的自主权，同时要求他们对成果负责。书中不仅强调了文化的重要性，还提出了通过构建高度信任的环境、推崇透明沟通和设定高标准，帮助公司克服挑战和实现成功。

自由与责任：在赋权中实现自我管理

奈飞的文化最核心的价值之一就是"自由与责任"，即给员工极大的自由，同时要求他们对自己的工作结果和决策负责。公司不设严格的考勤制度，也不要求员工遵守传统的上下级指令，而是期望员工能自我管理，承担起责任，创造出卓越的工作成果。

在奈飞，员工不需要预先向上级请假或者固定工作时间。某设计师曾在实施团队的一个项目的过程中，主动要求休假一个月去旅行，领导不仅没有反对，还鼓励他放松身心，并表示相信他能自我管理好工作与休息的关系。最终，这名设计师的工作不仅没有受到影响，甚至在旅行回来后带来了更多的创意和灵感，推动了团队的创新。

"自由与责任"并非无序放任，而是在信任的基础上赋予员工更多决策权和灵活性。通过这种方式，奈飞让员工在享受更多自主权的同时，也感受到巨大的责任感。这种文化能激发员工的创造力、提升其工作满意度，同时促使他们主动为公司的成功作出贡献。

高标准：不断挑战自我，追求卓越

在《奈飞文化手册》中，哈斯廷斯特别提到公司坚持设定"高标准"。奈飞不仅要求员工达到行业中的顶尖水平，还期望每个员工能够不断挑战自我，追求卓越。这种高标准文化贯穿了公司招聘、评估、晋升等各个方面。

在一次面试中，一位候选人尽管非常有经验，但未能展示出足够的创新能力和自我驱动的潜力，因此未能通过。招聘经理后来表示，虽然这名候选人非常合适，但奈飞需要的是那些不仅能完成工作，还能够自我驱动、推动创新的顶尖人才。

高标准的文化要求团队成员不仅要具备强大的专业技能，还要有不断提升自我、迎接挑战的动力。通过这种文化，奈飞能够吸引到最优秀的人才，并且持续推动公司走在创新的前沿。公司会不断设定更高的目标，确保团队始终处于一个充满挑战和进步的环境中。

鼓励创新与冒险：从失败中学习

奈飞的文化手册提到，企业鼓励创新与冒险，即使在追求创新的过程中会面临失败。公司认为，只有通过不断尝试和失败，才能最终实现突破和成功。失败不是被惩罚的原因，而是学习和成长的一部分。

奈飞早期尝试进入游戏领域，尽管最终未能成功，但这一过程中的失败为公司提供了宝贵的经验。公司通过这次失败，积累了关于技术研发、市场需求等方面的深刻经验，为未来的内容制作和平台建设奠定了基础。

鼓励创新与冒险的文化不仅促进了技术和内容上的突破，也培养了团队不怕失败、敢于尝试的精神。通过将失败视为学习和发展的契机，奈飞能够在竞争激烈的娱乐产业中持续创新，不断引领行业潮流。

简化与灵活性：高效能的关键

奈飞提倡简化组织结构，去除不必要的层级和流程，确保公司能够保持灵活性和高效性。圣吉曾经提到，简化的组织能够更加迅速地适应市场的变化，减少管理层的干预，让员工可以更多地发挥自主性。

在奈飞，决策过程非常简洁，员工能够在无须通过多级审批的情况下，直接实施创意。比如，某个团队的成员提出了关于用户体验的创新建议，经过简单的讨论和反馈后，团队立即开始实施该创新建议并迅速推向市场。这种简化的决策过程使得公司能够高效地应对市场需求并快速推出新产品。

高效的决策流程和简化的管理结构是奈飞能够快速响应市场变化的重要因素。通过去除多余的行政层级，奈飞能够加快决策速度，减少资源浪费，使得员工能够在更自由的环境中进行创新和工作。

员工自主权：从"做事"到"带动创新"

奈飞文化的一个独特之处在于，员工被赋予极大的自主权，不仅仅要执行任务，更要承担创新责任。公司通过高自由度的工作环境，鼓励员工主动提出创意，参与决策，推动业务的发展。这种自主权文化让员工从"做事"变为"带动创新"的主体角色。

奈飞的内容创作团队并不仅仅是执行预定的剧集和电影任务，公司会鼓励他们根据市场趋势和用户兴趣自主发掘项目。在某次策划会上，团队成员提出了一个全新的动画系列构想，虽然这一提案与公司原有的内容规划有所不同，但团队领导给予了充分的支持和资源，使得这个原创项目最终成为奈飞平台上最受欢迎的内容之一。

通过赋予员工充分的自主权，奈飞不仅增强了员工的责任感，还激发了他们的创新潜力。员工感受到自己的创意能够直接影响公司发展，进而投入更多精力与激情。这种自由度和责任感的结合，使得奈飞能够在竞争激烈的行业中保持领先地位，持续推出受观众喜爱的原创内容。

无政治文化：推动透明与真诚的沟通

奈飞注重建立"无政治文化"，即组织内部不容忍有权谋斗争和隐瞒信息的行为。公司通过推崇透明和直率的沟通方式，确保团队成员之间能够毫无障碍地分享想法和进行反馈，促进合作并减少职场上的负面情绪，简化复杂人际关系。

在奈飞的一次战略规划会议中，一位团队成员对即将实施的项目提出了严重的质疑，认为其执行过程中可能会遭遇困难。领导层鼓励该成员公开表达自己的观点，并邀请其他团队成员一起讨论解决方案。结果，会议不仅推动了项目调整，还提升了团队的信任感和凝聚力。通过这种直率的沟通，大家感到自己能真诚地参与讨论，而不是被迫接受某些决策。

无政治文化帮助奈飞避免了许多组织内常见的隐性竞争和信息壁垒。通过鼓励透明、真诚和直接的沟通，领导者能够与团队建立更深的信任，激发更强的协作精神，从而提高整体的执行力和创新能力。

20 《高效的秘密》（查尔斯·杜希格）
——如何保持企业在竞争中的领先地位？

《高效的秘密》是查尔斯·杜希格（Charles Duhigg）所著的一本揭示成功企业管理和创新背后秘密的著作。在本书中，杜希格通过讲述多个全球领先企业的故事，深入探讨了这些公司是如何通过独特的企业文化、创新管理方法以及高效的执行力，在竞争激烈的市场中保持领先地位的。杜希格提出，成功企业的背后不仅仅依靠出色的产品或技术，更有稳固的管理体系和富有活力的文化支持公司持续发展和创新。

管理的速度：提高决策和执行的效率

杜希格指出，企业的成功往往取决于其决策和执行的速度。在快速变化的市场环境中，能够迅速做出决策并高效执行的企业，往往能在竞争中占据先机。为了提升管理效率，企业需要摒弃烦冗的层级制度，建立更加灵活的决策机制，并鼓励员工提出创新的解决方案。

在传统的时尚行业中，从设计到生产再到销售往往存在较长的周期，但服装品牌Zara通过简化供应链和加快决策速度，使得从设计到商品上架的周期缩短到几周。这种高效的管理和快速响应市场需求的能力，使得Zara能够紧跟流行趋势并迅速推出新品，获得了消费者的高度认可，并在全球快速扩张。

在现代企业中，快速的决策和执行能力能够使其具备灵活性，更快地抓住市场机会。通过精简管理层级、优化流程和增强团队协作，企业能够在竞争中保持优势。

数据驱动：利用大数据优化管理决策

杜希格指出，现代企业必须学会利用大数据来做出更加精准的管理决策。通过分析市场数据、消费者行为和内部运营数据，企业能够发现潜在的机会和问题，并快速调整战略。数据驱动下做出的决策不仅提高了管理的精准性，还能在竞争中减少风险，提升效率。

YouTube利用大量的用户数据分析用户的观看历史和点赞、评论、分享、搜索行为，精准地为用户推荐个性化内容。这种推荐算法不仅帮助用户发现他们感兴趣的视频，提高了平台的用户黏性和观看时长，而且还能通过分析视频的观看数据来调整广告投放策略，实现精准的广告定向投放，获得更高的广告收入。

在数字化时代，企业能够通过数据分析来更好地理解消费者需求、预测市场趋势并优化产品和服务。通过建立数据驱动的决策机制，企业能够更加精准地调配资源，提升竞争力。

团队合作：建立高效的团队文化

杜希格提到，成功的企业往往拥有高效协作的团队，而这种团队文化的建立并非一蹴而就。高效团队的核心在于明确的沟通、共同的目标和高度的信任。通过建立良好的团队合作文化，企业能够激发员工的潜力，提高团队执行力，从而在市场中更好地应对挑战。

Spotify在团队管理上采用了"Squad"模式，将整个公司分为多个小团队，每个团队独立负责产品的不同方面，从产品设计到运营，每个团队都拥有较大的自主权。这种灵活的团队结构使得Spotify能够快速响应市场变化，并保持创新活力。

高效的团队合作是企业创新和快速决策的基础。通过提供清晰的目标、鼓励开放沟通并建立信任，企业能够激发团队成员的创造力和协作精神，确保组织能够快速适应市场变化并持续前进。

以客户为中心：将客户需求放在核心位置

杜希格强调，成功的企业始终将客户需求放在核心位置，通过深入了解客户的需求和偏好，推动产品和服务的创新。企业必须与客户建立长期的关系，并不断调整产品和服务，满足客户不断变化的需求。

Zappos通过将客户服务作为其核心竞争力，成功吸引了大量忠实客户。Zappos以"超越客户期望"的服务为目标，提供免费退换货服务、全天候客服和个性化购物体验。通过这种以客户为中心的文化，Zappos不仅赢得了客户的信任，也为公司创造了稳定的收入来源。

在竞争激烈的市场中，企业能够通过精准的客户洞察和卓越的服务体验，赢得消费者的心。通过将客户需求融入产品设计、服务提供和品牌战略中，企业能够打造出独特的市场优势，提高品牌的吸引力和客户的忠诚度。

长期视角：平衡短期目标与长期战略

许多企业往往在面对激烈竞争和市场压力时，过度关注短期财务目标，从而忽视了长期的品牌建设、创新投入和人才培养。成功的企业往往能够找到平衡点，在实现短期目标的同时，稳步推进长期战略，确保可持续发展。

　　巴塔哥尼亚（Patagonia）是一个长期关注可持续发展的品牌，尽管它可以在市场上通过大量的促销活动获得短期利润，但巴塔哥尼亚始终坚守着环境保护的核心价值，通过采用可回收材料推动环境保护公益事业，并通过"不要购买这件外套"的广告提倡对消费主义的反思，塑造了一个具有社会责任感的品牌形象，赢得了大量忠实客户。尽管这一战略短期内可能影响其销量，但从长期来看，巴塔哥尼亚成功建立了强大的品牌忠诚度。

　　成功的企业不仅仅追求短期的财务回报，还在长期战略的指引下，逐步打造更具社会责任感和可持续发展的品牌。通过平衡短期目标与长期战略，企业能够实现更稳健的发展，并创造更大的市场价值。

3

第三部分

战略管理与竞争优势

21 《竞争战略》（迈克尔·波特）
——如何构建持久的竞争优势？

迈克尔·波特（Michael Porter）的《竞争战略》被誉为商业战略领域的经典之作，是现代企业制定竞争战略的理论基石。书中提出了著名的"波特五力模型"，用于分析行业竞争态势，并通过差异化、成本领先和专注策略帮助企业找到适合自身的竞争优势。波特强调，竞争战略的核心在于理解市场结构，识别竞争优势，并通过独特的运营方式实现差异化。书中不仅涵盖了理论框架，还辅以大量实际案例，帮助企业在动态市场中保持优势地位。

波特五力模型：全面理解竞争环境

波特五力模型是企业分析行业竞争态势的重要工具，涵盖了五个关键维度：现有竞争者的威胁、潜在进入者的威胁、替代品的威胁、供应商议价能力和买方议价能力。这一模型帮助企业全面评估行业结构，识别影响盈利能力的关键因素。

一家快消品企业使用波特五力模型分析饮料行业，发现该行业市场竞争激烈，新进入者面临高品牌壁垒，替代品（如瓶装水）的威胁也在上升。供应商集中度低，议价能力有限，但买方（大型零售商）议价能力较强。通过这一分析，公司决定实施差异化战略，推出健康、有机的新产品线，以吸引对健康敏感的消费者，同时减轻传统产品线的价格压力。

波特五力模型为企业提供了清晰的竞争环境分析框架，帮助企业在复杂的市场中找到自身定位。通过识别竞争的主要驱动力，企业能够制定更加精准的战略，避开行业中的激烈竞争区域，寻找新的盈利机会。

差异化战略：通过独特价值创造竞争优势

波特认为，企业若能通过产品或服务的独特性创造价值，便能在市场中创造竞争优势。差异化战略的成功依赖于企业对目标客户需求的深刻理解，以及在产品、服务或品牌上创新的实现。

一家奢侈手表品牌通过打造高度个性化的定制服务，向消费者提供手工制作的独特产品，强调产品的艺术性和工艺价值。相比于竞争对手依赖标准化生产降低成本的策略，该品牌通过差异化吸引了高端客户群体，并建立了强大的品牌忠诚度。

差异化战略不仅能帮助企业避开价格竞争，还能通过独特价值吸引特定客户群体，从而提升品牌溢价能力。成功的差异化战略需要企业在创新、品牌建设和客户体验方面持续投入，以在竞争中保持领先地位。

成本领先战略：以低成本赢得市场份额

成本领先战略强调通过高效的运营、规模经济和资源优化，降低产品或服务的单位成本，从而在市场中获取价格竞争力。波特指出，这一战略适用于竞争激烈且对价格敏感的市场。

某大型零售连锁店通过优化供应链、批量采购和严格的成本控制，将运营成本压缩到行业最低水平。这使得它能够以更低的价格向消费者提供商品，同时仍保持盈利能力。消费者因低价而被吸引，销售量大幅增加，进一步巩固了该连锁店在市场中的领导地位。

成本领先战略需要企业在各个环节追求效率提升和成本优化。这种战略能够在价格敏感型市场中有效提升竞争力，但也要求企业不断创新和优化流程，以抵御其他低成本竞争者的挑战。

专注战略：聚焦特定市场，深耕细分领域

专注战略通过聚焦特定市场或深耕细分领域，提供高度匹配的产品或服务，以避开广泛竞争，形成独特优势。波特指出，这种策略适用于资源有限但希望在特定领域建立领导地位的企业。

一家科技初创企业选择专注于建立中小型企业的云存储解决方案，而不是与大型科技公司竞争企业级市场。通过优化价格结构和提供简单易用的工具，该公司迅速占领了细分市场，并成功吸引了大量忠实客户。

专注战略允许企业在资源有限的情况下发挥最大效益，通过深度理解目标市场的需求，提供更契合的解决方案。成功的专注战略依赖于企业在细分市场中的专注力和对核心客户群的深刻洞察。

竞争战略：在动态市场中持续优化战略

波特强调，竞争战略并非一成不变。企业需要根据市场环境的变化，定期调整自身的竞争定位，确保在动态竞争中保持优势。例如，面对技术革新或消费者偏好的改变，企业可能需要在差异化、成本领先和专注战略之间重新选择，甚至结合多种战略。

一家传统媒体公司最初采用差异化战略，以高质量内容吸引广告主。但随着数字化浪潮的发展和观众行为的转变，公司迅速调整为专注战略，推出针对特定兴趣群体的数字订阅平台，以维持收入增长并适应市场变化。

竞争战略的核心在于动态适应能力。企业需要不断评估市场变化和竞争环境，优化资源配置并调整战略，以确保竞争优势的持续性。

竞争优势的可持续性：创新与差异化的结合

波特指出，企业的竞争优势需要具备长期可持续性，这意味着企业不仅要建立优势，还要通过持续创新与差异化保护自身优势，抵御竞争对手的模仿。

一家在线教育平台通过开发独家的互动式学习技术，结合人工智能个性化推荐系统，成为行业领导者。虽然竞争对手迅速推出类似的功能，但该平台通过不断迭代技术和提升内容质量，持续保持了市场领先地位。

竞争优势的可持续性依赖于企业在技术、品牌和客户体验方面的持续投入。通过不断创新，企业能够巩固现有优势，并在市场中建立难以被复制的壁垒，从而维持长期竞争力。

行业竞争结构的动态变化：适应新兴竞争力量

波特强调，行业的竞争结构并非一成不变，而是受多个因素影响，处于动态变化过程中。随着技术进步、法规变化、消费者需求的转变，以及新兴竞争者的进入，行业竞争结构会发生显著变化。企业必须及时识别这些变化，并调整其战略以应对新的竞争环境。

在智能手机市场，随着技术的发展和消费者偏好的转变，曾经的手机制造商诺基亚未能及时适应触屏技术和智能操作系统的变革。相反，苹果和三星迅速进入市场，采用全新的战略并在移动设备领域占据了主导地位。通过不断关注行业竞争结构变化，及时调整战略，苹果和三星成功实现了行业领先。

行业竞争结构的动态变化要求企业保持敏捷，能够迅速识别新的竞争威胁和市场机会。通过不断监控行业趋势和技术发展，企业可以适时调整自己的战略定位，并采取创新行动，保持市场竞争力。

战略选择的集中：避免资源分散

波特指出，企业在选择竞争战略时，必须集中资源以实现目标，而不是试图分散资源，努力去追求多个不同的市场。战略选择的集中有助于企业更有效地利用有限的资源，增强竞争优势。如果资源过于分散，企业将难以在任何一个领域建立足够的竞争力。

> 某全球快消品公司曾尝试进入多个市场，包括健康饮品、化妆品和家居用品市场，但由于资源分散，未能在任何一个市场形成主导地位。后来，公司决定专注于健康饮品市场，通过加大在该领域的研发和营销投入，最终成功推出多款受欢迎的健康饮品，迅速扩大了市场份额。

战略选择的集中要求企业聚焦核心竞争力并将资源投入到最具潜力的领域。通过精细化管理和深度投资，企业能够在特定市场中占据领导地位，而不是分散精力，导致各项业务均未能充分发展。

22 《蓝海战略》（W. 钱·金、勒妮·莫博涅）

——如何通过创新开辟全新蓝海？

《蓝海战略》是W.钱·金（W. Chan Kim）和勒妮·莫博涅（Renée Mauborgne）的著作，提出了"蓝海"与"红海"的概念，颠覆了传统的竞争思维，提供了一种突破行业竞争、实现创新的战略方法。书中强调，企业不必在已饱和、竞争激烈的"红海"市场中争夺有限的市场份额，而应通过创新，开辟出全新的"蓝海"市场，创造无竞争的市场空间。两位作者分析了多个成功的案例，展示了如何通过价值创新打破传统竞争规则，进而开创具有高增长潜力的市场。书中将理论与实践相结合，为企业提供了具体的蓝海战略框架，帮助他们在动态的市场环境中脱颖而出。

蓝海与红海：超越竞争，开创创新市场

W.钱·金与莫博涅将市场划分为"红海"和"蓝海"两种：红海是指那些竞争激烈、产品同质化、市场趋于饱和的行业，而蓝海是通过创新创造出来的全新市场空间，这些市场空间尚未被竞争者深度渗透。蓝海战略的核心在于通过价值创新，脱离竞争，创造需求并获得领先地位。

某汽车制造商在传统汽车市场中面临激烈竞争，决定放弃与其他传统汽车品牌的价格战，而是转向开发电动汽车。通过大幅降低电池成本并提高续航能力，制造商不仅满足了环保意识日益增强的消费者的需求，还成功开创了一个几乎没有直接竞争对手的新市场，迅速取得了市场份额。这一战略

使该公司从传统的红海市场竞争中脱离出来，成功进入了充满潜力的蓝海市场。

"红海"和"蓝海"的区分为企业提供了不同的战略视角。红海市场中的企业竞争往往依赖于价格战和对市场份额的争夺，而蓝海市场强调创新和独特性。在蓝海市场中，企业通过创造全新的需求和市场空间，摆脱传统的竞争模式，迎来了更多的增长机会。

价值创新：开创蓝海的关键

书中提到，蓝海战略成功的关键是"价值创新"，即通过同时提升产品的价值和降低成本，为客户创造全新的价值体验。通过价值创新，企业不仅能够满足客户的新需求，还能以更低的成本获得竞争优势。

苹果公司的iPhone就是一个典型的价值创新案例。iPhone不仅仅是一部手机，更集成了音乐播放器、浏览器、相机等多种功能，打破了传统手机的界限。在降低生产成本的同时，iPhone的独特性和良好的用户体验大大提升了其市场价值，成功引领了智能手机的蓝海市场。

价值创新的关键在于找到能够同时提升产品价值和降低成本的突破点。通过改变市场规则和创新产品功能，企业不仅能够提供超出顾客预期的产品价值，还能够在市场中脱颖而出。成功的蓝海战略通常伴随有强大的品牌效应和客户忠诚度，这使得企业能够在新市场中占据领导地位。

打破行业边界：跨界创新开辟新市场

蓝海战略不仅仅是对现有市场的改进，它还鼓励企业打破传统行业的边界，进行跨界创新。通过结合不同领域的资源、技术和思维，企业能够创造全新的市场机会，满足客户未被满足的需求。

迪士尼通过将主题公园、电影制作和品牌授权相结合，创造了一个跨行业的娱乐帝国。在过去，电影、电视、游乐园是各自独立的行业，但迪士尼通过跨界整合，开辟了一个新的娱乐市场，吸引了全球数以亿计的家庭游客，成功地扩大了其品牌的影响力。

跨界创新使得企业能够进入不同的市场领域，从而开辟出新的增长空间。通过整合来自不同领域的创新资源和想法，企业能够重新定义产品和服务的价值，打破传统行业之间的界限，为客户提供全新的体验。

四步行动框架：从构想到执行

为了帮助企业更好地实施蓝海战略，书中提出了"四步行动框架"，这一框架包括了四个关键步骤：消除、降低、提高和创造。在这一框架下，企业需要对现有市场和竞争模式进行深入分析，确定哪些因素可以消除，哪些因素可以降低，哪些因素可以提高，哪些因素可以创造，从而重塑市场规则。

一家航空公司通过实施战略行动框架，将传统的航空旅行体验进行了重新定义。首先，它缩小了商务舱和经济舱的差距，降低了票价，同时提高了飞行体验，如提供免费Wi-Fi和舒适座椅。公司还创造了无纸化登机和更加智能的服务流程。通过这些创新，航空公司成功吸引了大量年轻客户群体，并在全球市场中脱颖而出。

四步行动框架通过系统化的方式帮助企业分析和调整其战略执行过程中的每个环节，确保创新能够有效落地。通过设立明确的步骤和优先级，企业能够在实施蓝海战略时更加高效，避免盲目尝试和过度投入，确保创新能够真正满足市场需求并获得成功。

构建可持续的蓝海战略：守住创新的领先地位

尽管蓝海市场为企业提供了广阔的增长机会，但企业必须在创新和市场拓展中保持领先地位，才能确保蓝海战略的长期成功。两位作者指出，成功的蓝海战略并不意味着一次性的市场突破，而是企业必须持续创新，持续优化产品和服务，以维持竞争优势。

特斯拉的成功不仅仅在于其早期进入电动汽车市场这片蓝海，还在于其持续的技术创新和运营优化。通过不断改进电池技术、推动自动驾驶功能的发展，并推出创新的能源解决方案（如太阳能屋顶和储能电池），特斯拉在电动汽车和可再生能源领域开辟了多个蓝海市场。

保持蓝海战略的可持续性需要企业不断适应市场变化，及时推出创新产品或服务。企业应通过构建创新文化、加大研发投入和优化服务，持续领先于竞争对手，确保自己在新兴市场中维持竞争优势。

23 《策略思维》(阿维纳什·K. 迪克西特、 巴里·J. 奈尔伯夫)

——如何通过博弈论做出明智的战略决策?

《策略思维》是阿维纳什·K.迪克西特(Avinash K.Dixit)和巴里·J.奈尔伯夫(Barry J.Nalebuff)的经典之作,书中通过博弈论的视角,分析了复杂决策中的互动性,阐述了如何通过系统化的思维方式和科学的分析方法做出更加理性和有效的战略决策。两位作者通过生动的案例,展示了战略决策中的博弈结构和心理博弈,帮助企业领导者在充满不确定性的环境中制定长期竞争策略。书中的一个重要理念是"战略互动",即在制定战略时不仅要考虑自己行为的后果,还要预测和分析对手的反应。通过这一思维方式,企业能够在竞争中占据有利位置,避免战略误判和盲目决策。

博弈论视角:分析竞争中的互动关系

《策略思维》引入了博弈论的框架,帮助企业理解竞争中的互动关系。作者指出,成功的战略决策不仅取决于自己的选择,还需要考虑到竞争对手可能做出的反应。通过分析这些互动,企业可以找到最优策略,建立竞争优势。

在智能手机市场,苹果和三星的竞争就是一个经典的博弈论例子。当苹果推出iPhone时,三星并没有立即回应,而是通过分析苹果iPhone的定价、功能和市场需求,最终推出了功能相似但价格更具竞争力的智能手机。通过这一策略,三星在手机市场上成功抢占了大量份额,成为苹果的强劲对手。

博弈论的应用使得战略决策不再是孤立的。企业必须考虑到竞争者的反应，并预测其可能采取的行动。通过这种互动分析，企业能够更精确地制定策略，避免在决策中犯下错误，从而获得竞争优势。

纳什均衡：寻找稳定的战略平衡点

书中介绍了"纳什均衡"的概念，这一概念源自博弈论，指的是在多人博弈中，每个参与者都选择了对自己最有利的策略，而没有任何一方可以通过单方面改变策略来获得更好的结果。企业通过寻找这种均衡点，可以确保其战略决策在不确定的竞争环境中维持稳定性。

在航空行业，两家处于竞争关系的航空公司A和B，为了争夺同一条航线的乘客，分别设定了相似的票价。如果两家航空公司都调整价格，可能会引发价格战，降低整体利润。最终，双方都发现维持现有票价将是最优选择，这种情况下的票价就是"纳什均衡"，双方在此点上保持稳定，不再进行价格竞争。

通过对纳什均衡的分析，企业可以避免盲目的价格战或过度竞争，找到市场中的稳定战略。在制定战略时，企业应考虑到与竞争者互动的结果，而不是单纯地依赖自己的决策。寻找"纳什均衡"有助于在复杂的市场中维持稳定并获得长期收益。

战略互动：如何应对竞争者的反应

迪克西特和奈尔伯夫强调，战略互动是制定有效战略的关键。企业在制定战略时，必须预判竞争对手的可能反应，并在此基础上做出决策。这种思维方式有助于企业提前规划应对策略，减少不必要的冲突和损失。

在快餐行业，麦当劳推出一款新的汉堡时，竞争对手肯德基并没有立即推出类似产品，而是选择推出一款与其汉堡不同的具有低卡选项的产品。这一策略是肯德基针对麦当劳的创新所做出的应对，肯德基通过该策略成功地吸引了健康饮食群体，避免了直接的市场竞争，并成功吸引了一部分新顾客。

战略互动要求企业在制定战略时不仅要关注自身目标，还要考虑竞争者可能采取的策略。这种思维模式有助于公司找到差异化的市场切入点，避免陷入与竞争者的恶性竞争中，进而在市场中找到自己的独特位置。

避免零和博弈：寻找合作共赢的机会

尽管传统竞争通常是零和博弈（一方的胜利意味着另一方的失败），但在许多情况下，企业可以通过合作创造共赢局面。书中指出，在博弈中，企业应尽量避免零和思维，寻找合作机会，共同创造价值，最终实现互利共赢。

在全球汽车制造商中，丰田与宝马公司展开了合作，联合开发新能源电池技术。虽然两家公司在传统汽车市场是直接竞争对手，但通过共同研发新技术，它们不仅节省了成本，还推动了电动汽车市场的成长，最终获得了更多消费者的青睐。通过这种合作，双方不仅避免了市场的激烈竞争，还实现了共同发展的目标。

通过避免零和博弈，企业能够拓展合作的空间，实现资源共享和创新突破。合作共赢的战略有助于提升行业整体竞争力，并为企业带来更广阔的市场前景。企业应通过战略合作，在竞争中实现更大的价值创造，而非仅仅依赖价格和市场份额的竞争。

战略决策中的心理因素：如何克服认知偏差

在战略决策过程中，除了理性分析外，心理因素也起着重要作用。迪克西特与奈尔伯夫指出，决策者可能会因为认知偏差（如过度自信、过度乐观等）做出错误决策。因此，领导者需要认识到这些心理偏差，采取适当的方法进行纠正，以确保决策的客观性和有效性。

某互联网公司在初期成功推出一款产品后，团队对下一款产品充满信心，过度乐观地认为产品销售会一帆风顺。然而，市场反应冷淡，产品未能达到预期的销售目标。经过反思，公司意识到自己犯了过度自信和忽视市场调研的错误，并采取了更加谨慎的市场验证方法，最终推出了一款成功的产品。

克服认知偏差需要决策者保持谦逊和开放，避免过度依赖个人经验和直觉。通过多角度的分析和反馈机制，企业能够避免因认知偏差导致的错误决策，从而做出更加理性和有远见的战略选择。

"先发制人"与"跟随策略"：何时引领，何时跟随

《策略思维》指出，企业在竞争中不仅要考虑如何制定最优策略，还要决定何时采取先发制人的策略，何时采取跟随策略。先发制人通常适用于有技术创新或者市场上出现新机会时，而跟随策略适用于企业资源有限或者市场环境不确定时。关键在于了解竞争对手的策略，并选择最适合自身的路径。

在智能家居市场，亚马逊通过其Echo智能音箱领先一步，抢占市场份额，并引领了语音助手的潮流。而在智能电视领域，谷歌选择了跟随策略，它在市场上推出了基于Android的智能电视操作系统，通过与多家电视制造

商合作，逐步获取市场份额，避免了与已有竞争者的正面冲突。

企业在面对市场机会时，必须根据自身的资源、能力和市场环境选择合适的战略。先发制人能够让企业占据市场先机，但也伴随着较高的风险；跟随策略可以减少不确定性，但可能需要更多的创新和差异化来追赶市场的先发优势。

24 《基业长青》（吉姆·柯林斯、杰里·波勒斯）
——如何建立持久成功的企业？

《基业长青》是吉姆·柯林斯（Jim Collins）和杰里·波勒斯（Jerry Porras）联合撰写的商业经典，书中通过对18家维持长期成功的公司的深入研究，揭示了这些公司如何在激烈的市场竞争中实现持续增长，并建立了可持续的竞争优势。柯林斯和波勒斯提出，成功的企业不仅依赖于短期的经营策略，更在于能够长期坚持一套强大的核心价值观、文化和战略。本书的核心思想是"基业长青"，即企业能够在多变的市场环境中维持长期成功，成为行业的领军者。书中通过系统的分析，探索了维持长期成功的公司如何保持稳定的领导力、清晰的使命感和强大的执行力。通过这些公司的案例，柯林斯和波勒斯提供了适用于任何企业的战略框架，帮助他们在长期竞争中脱颖而出。

核心理念：专注于核心价值，确保长期成功

《基业长青》的一个重要核心观点是，维持长期成功的公司能够始终坚持自己的核心价值观，且这些核心价值观在企业的发展过程中始终保持一致。即便面临市场和环境的剧变，这些公司也能够通过坚守核心理念来维持稳定增长。

沃尔玛在创立之初就秉持着"节约每一分钱，为顾客提供低价商品"的核心价值观，并在几十年的发展过程中始终保持这一理念。无论是公司规模扩大，还是进入新的市场，沃尔玛都没有改变其"低价优质"的核心理念，而正是这一坚持，使得它成为全球最大的零售商之一。

企业的核心价值观是其文化的基石。只有当公司能够持续坚持和落实这些核心价值观时，其才能在市场变化中保持独特竞争力，避免短期决策带来的过度变革。维持长期成功的公司懂得如何在保持核心理念不变的同时，灵活适应外部环境的变化。

双重使命：追求利益与使命的平衡

《基业长青》指出，维持长期成功的公司不仅仅专注于利润最大化，而且还有一个深远的社会使命。这种使命感驱动着公司追求更高的目标，而不仅仅是寻求短期经济利益。这些公司往往在经营中强调社会责任感和使命感，以使自己在竞争中立于不败之地。

本田公司一直以来坚持其"造福社会，创造价值"的使命，而不仅仅是为了追求利润。在创新与产品研发方面，本田公司坚持不断地提升技术水平，且在全球多个市场推出环保型汽车。尽管这可能导致短期利润的降低，但通过将使命融入产品设计和市场定位中，本田成功赢得了全球消费者的信任，并在行业中保持领先地位。

拥有明确的社会使命是企业能够在长远发展中避免"利润至上"短视策略的关键。公司将使命与日常经营结合起来，不仅能够为社会创造价值，还能在消费者和员工中建立深厚的忠诚度，进而获得长期的竞争优势。

领导力的持续性：从强势领导到分权管理

在这本书中，作者总结道，维持长期成功的公司能够实现领导力的持续性，而不仅仅依赖于单一领导者的个性化魅力。这些公司通过培养接班人、建立良好的领导力体系，确保领导力的长期稳定，并避免因为领导人更替带来的剧烈波动。

吉列（Gillette）公司在成立初期，由创始人金·吉列（King C. Gillette）主导，而后公司逐渐过渡到更加注重团队决策的分权式管理模式。尽管领导者发生变化，但公司依然能够保持创新并继续引领剃须产品行业。吉列公司通过建立完善的接班人培养体系和领导力发展计划，确保了企业在领导更替过程中的平稳过渡。

领导力的持续性是企业能够在长期内保持竞争力的关键。通过建立系统的领导力发展机制，企业能够培养出多位有能力的管理者，避免过度依赖单一领导者。同时，通过分权管理，企业能够更加灵活地应对市场变化，保持组织内部的创新和活力。

文化与结构：建立适应性强的组织文化

书中提到，维持长期成功的公司通常有着适应性强的组织文化，能够在不同行业环境下进行自我调整并持续创新。企业文化并非一成不变，而是在不断优化和调整，以适应公司发展和外部环境的变化。

3M公司以其创新文化闻名，企业文化一直鼓励员工提出新想法，并给予员工足够的自由去尝试新技术。通过这种高度包容和灵活的文化，3M公司成功孵化了如Post-it Notes便签等创新产品。即便在公司规模不断扩大时，3M公司依然能够保持这种创新文化，发展成为全球创新的先锋。

成功的企业文化不仅要能够吸引和留住优秀人才，还要具有足够的灵活性来适应外部变化。在快速变化的商业环境中，拥有能够适应不同挑战的文化是企业维持长期竞争力的关键。企业文化的创新能力和灵活性是推动公司持续发展的动力源泉。

以长期视角衡量绩效：跳出短期业绩的陷阱

柯林斯和波勒斯强调，企业需要从长期的视角来评估绩效，而不仅仅关注短期的财务结果。那些基业长青的公司往往更加注重建立稳健的财务基础，推动绩效持续增长，而不是只注重短期的市场反应。

巴菲特的伯克希尔·哈撒韦公司就是一个典型的例子。尽管其投资回报在短期内并不总是最显眼的，但伯克希尔·哈撒韦注重长期投资回报的累积，通过选择绩效能够持续增长的公司进行投资，最终实现了巨大的资本增值。巴菲特始终坚持长期持有投资，避免频繁买卖操作，确保了公司绩效在长期内的稳定增长。

从长期视角来衡量绩效有助于企业避免盲目追求短期财务目标。通过建立稳健的长期增长战略和投资体系，企业能够实现可持续的价值增值，从而保持长期竞争力。

战略的灵活性与持久性：调整而非放弃

企业在维持长期成功的过程中需要保持战略的灵活性与持久性。维持长期成功的公司能够根据外部环境的变化进行战略调整，而不是盲目坚持不变。通过调整战略方向，企业能够适应不同的市场变化，保持竞争优势。

微软最初专注于软件的开发，但随着云计算的兴起，微软通过调整战略，迅速发展Azure云服务平台，将公司转型为一个以云计算为核心的全球技术巨头。通过这一战略转型，微软不仅继续维持市场领导地位，还把握住了未来的增长机会。

战略的灵活性是应对外部变化的关键。在一个快速变化的市场中，成功的公司需要不断审视自己的战略并做出适时的调整。这种灵活性使得公司能够适应技术进步和市场需求的变化，保持长期的竞争力。

持续的创新文化：推动企业适应变化

《基业长青》提到，维持长期成功的公司往往能够保持持续的创新文化，这种文化不仅限于产品创新，还涵盖了运营流程、商业模式和组织结构等方面的创新。创新不应仅仅依赖于研发部门，而应该渗透到整个企业的文化和日常运营中。企业需要为员工提供一个鼓励创新的环境，并不断推动公司适应外部环境的变化。

索尼公司在其历史上几次成功突破了传统电子产品的界限。例如，索尼公司从最初的收音机和电视机制造商发展成为全球娱乐巨头，其间，通过不断创新，涉足音乐、电影以及电子游戏领域。索尼公司的创新文化不仅仅体现在技术上，还包括品牌和产品的创新，帮助公司在多个行业维持领先地位。

创新文化的核心在于其能够不断适应外部环境的变化，同时为公司带来新机遇。成功的企业通过打造一个鼓励创新的环境，让员工的创意和想法能够被重视并付诸实践，从而推动公司保持竞争力和市场领导地位。

25 《好战略，坏战略》（理查德·鲁梅尔特）
——如何真正挖掘公司的核心竞争力？

理查德·鲁梅尔特（Richard Rumelt）的《好战略，坏战略》是一部战略领域的经典著作，深刻分析了公司如何在复杂多变的环境中构建竞争优势。与传统的战略理论侧重于行业分析和与竞争对手的比较不同，鲁梅尔特强调，公司的成功不仅依赖于外部环境的机会，更取决于其内部资源、能力和核心竞争力。通过深入探讨资源基础观（Resource-Based View，RBV），《好战略，坏战略》为企业提供了一种全新的战略视角，帮助企业理解如何通过内部资源配置和能力建设构建持久的竞争优势。书中的核心观点是，公司战略的真正源泉在于组织内部独特的资源和能力，企业应当关注如何识别、培养并充分利用这些独特资源和能力，而不是单纯地模仿行业领袖或盲目跟随市场趋势。通过聚焦内部优势并与外部机会对接，企业能够实现与竞争对手的差异化，并在市场中脱颖而出。

资源基础观：公司竞争力的核心来自内部资源

鲁梅尔特提出，公司的核心竞争力来自其独特的资源和能力，而不仅仅是外部市场机会。通过识别并培养这些独特的资源和能力，企业能够建立持久的竞争优势。公司应当通过有效的资源配置和管理，充分发挥这些内部优势，并通过创新实现市场差异化。

苹果公司通过其强大的设计能力、创新的技术平台和品牌忠诚度，建立了全球领先的竞争力。这些资源并非依赖外部机会，而是依靠苹果公司内部的核心能力，如其设计团队的创造力、硬件与软件的深度整合，以及iOS生态系统的封闭性，这些都构成了公司强大的竞争壁垒。通过这些内部优势，苹果能够在智能手机市场中维持高溢价并建立领先地位。

鲁梅尔特的资源基础观强调，外部机会固然重要，但公司要真正保持长期竞争力，需要深刻挖掘并持续优化自己的核心资源和能力。这些内部资源可能是公司的技术创新、品牌影响力、管理能力或独特的企业文化等，它们为公司提供了在竞争中脱颖而出的独特优势。

动态能力：适应快速变化的市场环境

鲁梅尔特在书中进一步提出，企业不仅需要识别和利用现有资源，还必须具备灵活应变的"动态能力"。这种能力指的是企业快速调整和重构资源、能力及战略的能力，以适应快速变化的市场环境。拥有强大动态能力的公司，能够在外部环境发生重大变化时，迅速做出调整，并继续保持竞争优势。

耐克最初是一家专注于运动鞋的公司，通过优质产品和品牌营销在市场上占据了一席之地。然而，随着消费者需求的变化，耐克不断调整其战略，扩展产品线，进入运动服饰、智能穿戴设备（如Nike+）、运动应用程序和线上零售领域。正是这种灵活的战略调整能力，让耐克在激烈的市场竞争中始终保持领先地位。

动态能力使得企业能够在面对市场动荡、技术革新或消费者需求变化时，保持灵活性和竞争力。公司需要通过战略调整、资源再配置和能力重组来保持市场领导地位，这一能力能够帮助企业适应并引领市场变革，而不是在快速变化中落后。

差异化战略：从资源优势到市场定位

《好战略，坏战略》强调，企业应根据自己的独特资源来制定差异化战略，脱离价格竞争，保持长期可持续的市场领导地位。通过利用资源优势，企业能够开发出与众不同的产品或服务，从而吸引特定市场群体，而不是与所有竞争对手直接对抗。

宝洁公司通过其强大的研发资源和品牌影响力，在消费品市场中采用了差异化战略。通过不断创新并推出具有差异化特点的产品，宝洁成功在多个子行业中建立了领先地位。例如，宝洁通过其创新的高效洗衣产品，在全球范围内占据了强大的市场份额，并将"质量保证"作为其核心品牌价值。

差异化战略要求企业不断优化自己的独特资源，并利用这些资源打造市场上无可替代的产品和服务。通过精准的市场定位和资源优化配置，企业能够实现价格溢价，并在市场中避免陷入恶性价格竞争。

创新与资源整合：形成综合竞争优势

《好战略，坏战略》还指出，企业可以通过整合现有资源与新的创新技术来构建更大的竞争优势。创新不仅仅体现在产品研发上，更应在资源整合、商业模式创新以及价值链优化上有所突破。通过将不同领域的资源和技术进行创新性整合，企业能够创造新的价值，并确立市场上的独特地位。

谷歌的成功不仅仅来源于其搜索引擎的技术创新，更在于其通过收购和整合多项创新资源，形成了一个广泛的技术生态系统。除了搜索，谷歌通过收购安卓操作系统、YouTube、Nest（智能家居）等公司，构建了覆盖广告、移动操作系统、视频流媒体、自动驾驶、智能硬件等多个领域的综合竞争优势。

创新与资源整合使得企业能够超越传统行业的界限，开辟全新的市场空间。

通过将现有资源与新兴技术结合，企业不仅能够提升内部效率，还能够创造新的产品和服务组合，满足市场上不断变化的需求。

长期竞争优势的保护：避免资源流失或过度扩张

企业在取得长期竞争优势后，必须采取措施保护这些优势，避免因资源流失或过度扩张而削弱企业的核心竞争力。成功的公司懂得如何通过持续创新和审慎的资源管理来保护自己的市场地位。

可口可乐公司成功地将其品牌优势保护了几十年。尽管竞争对手不断涌现，但可口可乐通过品牌强化、广告投资和产品创新，始终保持了其在软饮料市场的主导地位。公司深知，保护其品牌和核心资源的同时，还需要定期进行市场评估，避免过度扩张或资源分散。

保护长期竞争优势需要企业具备敏锐的市场洞察力和战略定力。企业不仅要持续投资创新，还需要审慎管理资源，避免盲目扩张和过度竞争，从而确保在市场中的领先地位不受威胁。

26 《无国界的世界》(大前研一)
——如何应对全球化竞争与变革所带来的挑战?

《无国界的世界》是战略大师大前研一(Kenichi Ohmae)的代表作之一,书中深入探讨了全球化、技术变革以及市场变化如何影响企业战略,并提供了应对这些挑战的具体战略方法。大前研一提出,企业要在全球竞争中立于不败之地,不仅需要优化现有的管理和运营模式,还需要重新思考并调整战略方向。通过精准的市场洞察、灵活的战略部署和持续的创新,企业可以在复杂多变的商业环境中持续领先。书中,作者特别强调了"全球化"和"竞争力"对现代企业战略的深远影响,并提出了一套全面的战略管理框架,帮助企业在全球竞争中获得优势。大前研一主张,成功的企业战略不仅要应对市场竞争,还要能够顺应社会、政治、文化等多维度的变化,企业要具备深厚的预判能力。

全球化竞争:跨国企业如何塑造全球战略

大前研一在书中提到,全球化已成为现代企业战略的核心要素。随着市场的全球化,竞争不再仅限于本地或本国家范围,企业必须在全球舞台上与世界各地的竞争者展开较量。企业要成功应对全球化竞争,必须采取多元化的战略,建立全球视野和全球资源整合能力。

麦当劳从一个美国本土的快餐品牌发展成为全球化的餐饮巨头。通过标准化运营和本地化调整,麦当劳在全球市场取得了巨大的成功。在美国以外的很多国家,麦当劳推出了适应当地口味的菜单,并优化了配送系统,使其能够满足消费者对快捷与本地化的需求。这种全球化战略的成功,使麦当劳在全球市场持续扩展。

在全球化竞争中，企业需要具备全球视野，识别并抓住不同地区市场的机遇。这不仅仅是要将产品推向全球市场，更是通过全球资源整合和跨国合作，增强企业的竞争力。

战略创新：在变化中寻求突破

《无国界的世界》中强调，企业不仅要关注现有市场的需求变化，还要具备在技术、商业模式和市场结构变革中寻找创新机会的能力。战略创新是企业获得持久竞争优势的关键，企业必须通过持续的技术创新和商业模式创新，突破传统思维框架，开辟新的市场空间。

在智能手机行业，苹果公司通过iPhone的推出彻底改变了手机市场的格局。与传统手机制造商不同，苹果公司不仅仅创新了硬件，还通过推出iOS操作系统、App Store等综合服务，打造了一个完整的生态系统。这种战略创新使得苹果能够在一个饱和的市场中脱颖而出，建立起庞大的用户基础和持续的收入来源。

战略创新不仅仅是技术层面的突破，它还包括业务模式、服务流程以及客户体验的创新。企业要获得长期竞争力，必须在创新的道路上不断前行，形成独特的战略优势。

竞争战略：在市场中找到差异化定位

大前研一提到，企业在竞争激烈的市场中，必须通过差异化战略来找到自己的独特定位。与竞争对手不同的定位可以帮助企业脱离价格战，获得消费者的青睐。企业应通过精准的市场细分，找到具有高增长潜力的市场领域，并在这一领域中建立自己的优势。

瑞士手表品牌劳力士通过高端定位和精湛的工艺，在全球奢侈品市场中占据了独特位置。劳力士并未与大众品牌进行价格竞争，而是通过不断提升品牌价值和产品质量，保持了在市场中的高端定位。这种差异化战略使得劳力士不仅在富裕阶层中有着广泛的影响力，也使其在竞争激烈的手表市场中稳固了长期的市场地位。

差异化战略使企业能够通过独特的产品、服务或品牌形象，与竞争对手区分开来，从而避免价格竞争，提升市场份额。企业通过精确的市场定位，能够满足特定消费群体的需求，并在细分市场中建立强大的品牌忠诚度和竞争优势。

战略实施：从构想到执行的跨越

大前研一强调，战略的成功不仅仅依赖于规划，更关键的是执行。企业在制定战略时，需要确保资源的合理配置，并建立起高效的执行体系。战略实施的成功要求组织内部的各个层级通力合作，确保战略目标能够迅速、有效地转化为实际成果。

丰田公司在推出"普锐斯"混合动力汽车时，虽然面临着技术和市场的不确定性，但通过系统化的资源配置和精细化的战略执行，成功推动了这一新产品的落地。通过精准的市场定位、品牌传播和渠道管理，丰田将"普锐斯"从一个市场创新产品，发展成全球领先的绿色汽车品牌。

战略实施是连接战略规划与实际成果的桥梁。企业需要确保战略目标得到有效执行，并根据市场反馈及时调整战略。这要求企业在执行过程中具备足够的灵活性和效率，确保所有资源和行动朝着共同目标推进。

动态战略调整：应对外部环境的变化

大前研一强调，企业战略不应是一成不变的，而应根据外部环境的变化进行动态调整。全球化、技术革新、市场需求和竞争对手的行为变化，都会影响企业的战略方向。因此，企业必须保持战略灵活性，及时调整战略以适应新的市场环境和行业趋势。

IBM（国际商业机器公司）曾是全球最大的个人电脑制造商之一，但随着PC（个人计算机）市场的萎缩，公司及时调整战略，从硬件制造商转型为全球领先的软件和IT（信息技术）服务公司。通过收购和发展云计算、大数据、人工智能等新兴技术，IBM成功从传统硬件行业中脱身，并开辟了全新的市场。

企业要在竞争中长期保持优势，就必须具备灵活应变的能力。动态战略调整能够帮助企业抓住新兴市场的机会，同时避免因市场环境变化而导致的风险。通过持续跟踪外部环境的变化，企业可以调整资源配置和战略目标，从而在新形势下实现更好的发展。

竞争优势的可持续性：避免资源枯竭与过度依赖

大前研一指出，企业竞争优势的确立并非一劳永逸。随着市场的变化、技术的进步和竞争者的跟进，企业必须不断投资于资源的更新和能力的提升。维持竞争优势的关键在于避免对单一资源的过度依赖，以及应对可能导致资源枯竭的风险。

可口可乐公司并未停留在传统产品线上，而是通过收购、投资和产品创新，转型为一个多元化的饮料公司，扩展了无糖饮料、瓶装水、茶饮料等市场。这一战略调整使得可口可乐能够保持其市场领导地位，并且增强了其竞争优势的可持续性。

要保持竞争优势，企业不仅要注重当前的市场资源，还要不断寻找新的增长点，避免对传统资源的过度依赖。通过不断创新、扩展新的市场领域和技术，企业能够确保其在变化的市场环境中持续保持竞争力。

27 《执行》（拉里·博西迪、拉姆·查兰、查尔斯·伯克）

——如何将计划转化为实际成效？

《执行》是由拉里·博西迪（Larry Bossidy）、拉姆·查兰（Ram Charan）和查尔斯·伯克（Charles Burck）联合编写的一部经典战略管理著作，书中强调了战略执行的重要性，并提出了一个关键观点：战略的成功不仅依赖于精心的设计和计划，更依赖于如何将这些战略付诸实践。作者指出，很多公司失败的根本原因并非战略本身的问题，而是战略执行的缺失或失误。书中系统地分析了企业在战略执行中常见的问题，并提供了一些实用的框架和策略，帮助领导者有效地将战略转化为组织内部的实际成果。

战略设计与执行的桥梁：领导力的核心职责

博西迪、查兰和伯克指出，执行的最大障碍往往是缺乏有效的领导。战略的设计与执行之间往往存在鸿沟，而作为领导者，必须在这两者之间架起一座桥梁。成功的领导者不仅能制定有效的战略，更重要的是能够协调和激励团队，确保该战略在每个层级和部门中得到有效落实。

通用电气（General Electric, GE）在杰克·韦尔奇的领导下，成功实施了"数一数二"的战略，即每个业务部门都必须在全球范围内排名前两位。韦尔奇通过设置明确的战略方向，并持续推动团队执行，确保了每个部门的资源配置与公司战略高度一致。通过这种执行力的提升，GE成功提升了市场份额并成为全球领先的企业。

战略执行的核心在于领导者如何通过调动团队的积极性和创造力，确保战略决策在公司各个层级都能贯彻落实。领导者需要具备清晰的愿景，能够通过有效的沟通与资源配置，引导团队朝着共同目标前进，从而克服执行过程中可能遇到的各种障碍。

建立高效的执行团队：正确的人做正确的事

《执行》还指出，成功的战略执行离不开一个高效的执行团队。企业需要确保所有团队成员的角色与责任明确，且具备足够的能力和动力来推动战略的落实。执行团队不仅仅是执行命令，更是战略的践行者，他们需要拥有解决问题的能力，并能够主动对战略执行进行反馈和调整。

微软在经历了几次战略调整后，对高层管理团队进行精心挑选和结构调整，使得公司在执行战略时能够更加高效。特别是在萨提亚·纳德拉接任CEO后，他通过建立一个更加协同的管理团队，加强了跨部门的合作，使得微软能够在云计算和人工智能领域迅速拓展，并转型为全球领先的科技公司。

建立高效的执行团队要求企业领导者在人员选拔上具有前瞻性和战略眼光。团队成员不仅要具备必要的专业能力，还要有执行力、合作精神和解决问题的能力。通过确保团队的能力与公司战略相匹配，企业能够在执行过程中实现更加高效的战略协同与目标达成。

文化与执行：战略文化的培育

博西迪、查兰和伯克强调，执行不仅仅是一个操作层面的任务，它深深根植于企业的文化中。战略文化是指公司在实施战略时所形成的价值观、行为方式和工作氛围。成功的企业能够培养一种支持战略执行的文化，确保员工不仅理解战略目标，而且能在日常工作中自觉推动这些目标的实现。

星巴克通过其独特的企业文化，成功将其"第三空间"战略推广到了全球。公司通过强调员工与顾客之间的互动、传递品牌价值，创建了强调"客户至上"的文化，这不仅帮助星巴克在竞争中脱颖而出，也确保了公司在全球扩张过程中战略的一致性和持续性。

文化在战略执行中的作用至关重要。只有当企业文化与战略目标高度契合时，战略的执行才能真正落到实处。

绩效管理与反馈：确保战略实施的效果

《执行》提出，绩效管理是确保战略有效执行的重要手段。企业不仅需要在执行过程中不断跟踪战略进展，还应通过定期的绩效评估来调整战略方向或执行方法。领导者需要通过清晰的绩效指标来衡量战略实施的成效，及时发现并解决问题。

IBM在经历了多次业务转型后，尤其在转型为服务导向型企业的过程中，依靠精确的绩效管理系统来监控战略执行的进展。通过定期的业绩评估与反馈，IBM及时调整了业务模式，并确保了新战略的落地，最终成功转型为全球领先的IT服务公司。

通过有效的绩效管理，企业能够确保战略执行的透明度和可控性。绩效管理不仅是对成果的评估，更是对执行过程中可能遇到的问题进行预警和调整的机制。定期的反馈和调整能够帮助企业优化战略执行路径，避免偏离目标或浪费资源。

战略优先级的设置：集中资源聚焦核心目标

《执行》还强调，企业在实施战略时需要明确优先级，将资源聚焦于最关键的目标上。战略优先级的设置有助于企业避免在多个目标间分散资源，确保团队能够集中精力解决最紧迫、最重要的战略问题，从而提高执行效率。

谷歌在初期主要专注于搜索引擎业务，通过明确的战略优先级设置和资源聚焦，成功奠定了全球搜索市场的领导地位。随着业务的扩展，谷歌逐渐将资源投入到其他领域，如Android操作系统和Google云计算等，但始终没有放弃搜索业务，这使得谷歌能够在多个业务领域同时发展。

明确的战略优先级设置能够帮助企业更好地分配资源，避免过度扩展或资源浪费。在多变的市场环境中，集中资源聚焦核心目标能够确保战略执行的精确性，帮助企业在复杂的竞争环境中保持敏捷性和高效性。

决策透明与全员参与：提升执行的凝聚力与效率

企业在执行战略时，必须确保决策的透明度，并鼓励全员参与。通过建立一个开放的沟通平台，企业能够确保员工了解战略目标，并在执行过程中为决策提供反馈。这种透明度有助于增强员工对战略的理解与认同，提升整体执行的凝聚力和效率。

福特汽车在重新设计其战略时，CEO艾伦·穆拉利通过定期与高层管理团队及其他员工进行沟通，确保每个部门和员工都理解并支持公司的转型计划。通过这种开放的决策模式，福特能够迅速调动全员的积极性，使得公司成功从财务困境中恢复，并重回行业前列。

　　决策透明与全员参与能够帮助企业在执行过程中避免信息不对称，减少内部摩擦，提升执行的速度和质量。员工不仅是执行者，还可以成为战略的贡献者和推动者，这种参与感能够增强组织的整体战斗力，使得战略能够在各个层级上顺利落实。

28 《商业模式新生代》（亚历山大·奥斯特瓦德、伊夫·皮尼厄）

——如何创建具有竞争力的商业模式？

《商业模式新生代》是亚历山大·奥斯特瓦德（Alexander Osterwalder）与伊夫·皮尼厄（Yves Pigneur）共同创作的经典商业著作，书中提出了一种全新的商业模式设计框架，帮助企业从全新的角度审视自己的商业模式，并提供了设计、创新、实施和评估商业模式的系统化工具。通过深刻的理论解析和实践案例，奥斯特瓦德向读者展示了如何打破传统的商业运作方式，创建具有竞争力和持续盈利能力的商业模式。

商业模式画布：解构与重构商业模式

《商业模式新生代》的一个核心概念是"商业模式画布"（Business Model Canvas），它将商业模式分解为九个核心构建块，分别是：客户细分、价值主张、渠道、客户关系、收入来源、关键资源、关键活动、关键伙伴和成本结构。通过这个框架，企业可以清晰地描述、分析和优化现有的商业模式，甚至设计出全新的商业模式。

IKEA（宜家）使用商业模式画布重新审视其商业模式，并通过这一框架实现了全球扩展的成功。IKEA的核心价值主张是提供高质量、时尚且价格合理的家具，尤其注重自我组装的方便性，给消费者带来DIY（自己动手做）的购物体验。宜家通过自有门店、在线商店以及配送服务等多个渠道，确保满足全球市场的需求。同时，宜家强调客户关系的构建，通过"宜家家居"会员制度和亲民的价格策略，保持长期客户的忠诚度。

宜家的关键资源包括其全球化的供应链、独特的家具设计能力和强大的品牌影响力；其关键活动包括产品设计、成本管理和物流配送。通过这些关键资源和活动，IKEA不断优化和简化产品，从而降低成本，并将这些节省的成本让利给消费者，保持其低价策略。在供应链管理和门店布局的创新上，IKEA通过自动化和自助购物方式降低了运营成本，从而进一步增强了其市场竞争力。

商业模式画布的使用帮助企业全面分析和设计自己的商业模式，并通过可视化的方式识别创新点和优化空间。通过拆解每个关键构建块，企业能够深入理解现有业务的优缺点，从而制定更具针对性和创新性的战略。

价值主张：为客户创造独特价值

《商业模式新生代》指出，商业模式的核心是"价值主张"——企业为客户提供的独特价值。创新的商业模式往往能够通过价值主张的不同来区分竞争对手。

苹果通过iTunes平台为用户提供了一个简单、便捷的数字内容购买渠道，这一服务结合了苹果硬件设备的高端体验，使得消费者能够在享受产品的同时，轻松获取音乐、电影和应用等数字内容。iTunes的成功不仅来源于技术创新，更通过为用户提供一种独特的、全新的数字消费体验，成功转变了整个音乐产业的商业模式。

一个成功的价值主张能够帮助企业在激烈的竞争中脱颖而出，吸引并维持客户的忠诚度。通过不断创新产品和服务的价值，企业能够满足客户需求，并在市场中保持持续的竞争力。

客户细分：精准定位并满足不同客户群体的需求

《商业模式新生代》强调，成功的商业模式离不开对客户细分的深入分析。不同的客户群体有着不同的需求和期望，企业需要根据这些差异制定个性化的产品和服务。通过精准的客户细分，企业能够为特定客户群体提供更有针对性的解决方案，从而提高客户满意度和忠诚度。

> 对于旅行者，Airbnb提供了价格更为灵活且独具当地特色的住宿选择；对于房东，Airbnb提供了一个便捷的平台，让他们能够通过短期出租赚取收入。通过对客户群体的精细划分，Airbnb不仅满足了不同客户的需求，还建立了一个强大的全球用户生态系统。

精准的客户细分是商业模式创新的基础。通过深入了解不同客户群体的需求，企业能够为每个细分市场设计独特的价值主张，从而提高市场渗透率和客户黏性。

关键活动：推动商业模式落地的核心行动

在商业模式的实施过程中，关键活动指的是企业为了实现其价值主张所需要开展的最核心的业务活动。这些活动可能包括产品开发、生产制造、市场推广、客户服务等。通过精细化管理和优化，企业能够提升其核心活动的效率和质量，从而更好地支持商业模式的长期可持续发展。

> 乐高的关键活动不仅包括玩具的研发和制造，还包括品牌建设、客户互动和线上平台的维护。通过在各个环节的持续创新，乐高不仅满足了现有市场的需求，还拓展了新的市场领域，如视频游戏、电影和线上教育等。

通过对关键活动的持续优化和创新，企业能够提高运营效率、降低成本，并增强市场竞争力。企业应定期审视自己的核心业务活动，确保这些活动与整体战略目标高度一致，从而推动商业模式的成功执行。

成本结构：优化成本以支持长期竞争力

在商业模式创新中，成本结构是影响商业模式可持续性的一个重要方面。无论是通过规模效应、流程优化、外包还是技术创新，企业都需要在控制成本的同时，确保不会在价值创造上妥协。

西南航空通过减少航班时间、简化机型、提高员工生产力以及简化复杂的航线管理，使得其在不牺牲服务质量的情况下保持了行业最低的运营成本。这一成本结构使得西南航空在竞争激烈的美国航空市场中，能够保持低票价并实现持续盈利。

企业需要明确哪些成本对其商业模式至关重要，哪些成本可以通过创新或流程优化加以控制。通过优化成本结构，企业不仅能够在价格竞争中保持优势，还能将节省下来的资源投入到创新和扩展新业务中，保持长期的竞争力。

收入来源：构建可持续的盈利模式

《商业模式新生代》最后强调，商业模式的成功离不开稳定和多元化的收入来源。企业在设计商业模式时，必须考虑如何通过不同的收入渠道来支持其运营，确保长期盈利。收入来源的多样性不仅能够提高抗风险能力，还能帮助企业在不同市场环境中保持灵活性。

Spotify采用了付费订阅和广告收入的双重盈利模式。通过提供免费版和高级版的产品，Spotify能够吸引更多的用户并将其转化为付费用户。此外，广告收入也为Spotify提供了另一种盈利渠道，使得其能够在全球范围内持续扩张并保持盈利能力。

多元化的收入来源有助于企业在面临市场不确定性和竞争压力的情况下保持财务稳定。企业应根据自身资源、客户需求和市场环境设计合理的盈利模式，从而实现可持续的商业成功。

29 《长尾理论》（克里斯·安德森）
——如何在细分市场中发现巨大的商机？

　　《长尾理论》是克里斯·安德森（Chris Anderson）的经典著作，提出了"长尾效应"这一概念，阐述了互联网时代如何通过低成本的分销和无限的市场空间，帮助企业在传统的"热门产品"之外，发掘巨大的商业潜力。安德森通过大量的案例和数据分析，揭示了长尾理论对商业模式、市场定位和消费者行为的深远影响。长尾理论的核心观点是，市场不仅由少数畅销产品主导，更由大量的利基市场（niche market）和冷门产品构成。

长尾市场：去中心化的需求分布

　　安德森提出，传统的商业模型通常依赖于"热门产品"，这些产品通过大规模的市场营销和集中分销占据了主流市场份额。然而，长尾理论认为，市场的需求并非集中在少数畅销产品上，而是分散在大量细分市场中。随着互联网的普及和数字化技术的发展，企业能够通过低成本的分销平台触及这些细分市场，并获得相应的收益。

　　亚马逊通过在线平台将几乎所有类型的书籍提供给消费者，而不仅仅是畅销书。通过这种方式，亚马逊能够满足各种利基市场和偏好，而不仅仅局限于少数热门产品。虽然每种类型的书的销售量较少，但由于品种繁多，亚马逊的总销量远超传统书店。

　　长尾市场的价值在于其广泛的客户基础和低成本的产品推广，企业可以通过数据分析、用户行为追踪等方式，精准地捕捉到细分市场的需求，并通过个性化推荐提高转化率。

数字化平台的优势：低成本分销与库存管理

传统行业中的大多数企业由于库存和分销渠道的限制，往往只能专注于畅销产品。然而，互联网和数字化平台的出现打破了这一限制，使得公司能够以近乎零成本的方式分销几乎所有产品。

奈飞（Netflix）不仅提供热门的电影和电视剧，还建立了庞大的内容库，其中涵盖了各种类型、风格和地域的影片。通过精准的推荐算法，奈飞能够将这些冷门影片推荐给感兴趣的观众，满足细分市场的需求。与传统的视频租赁商相比，奈飞能够提供几乎无限的选择，创造了一种长尾效应的盈利模式。

数字化平台通过降低分销和存储成本，使得企业能够触及更加广泛的客户群体，并提供更多样化的产品选择。这种低成本分销的优势使得长尾市场能够实现可持续盈利，并为企业带来更多的机会。

网络效应与社交媒体：推动长尾市场的爆发

安德森指出，网络效应与社交媒体是长尾理论成功的催化剂。随着社交媒体的普及，消费者之间的推荐和口碑传播成为影响购买决策的重要因素。用户通过分享、评论和推荐，可以将一些冷门产品展示给更广泛的受众，从而推动这些产品的销售。

YouTube通过社交分享和内容推荐系统，成功将冷门视频推向全球观众。许多视频制作者并不追求大量的观看人数，但通过视频的推荐和社交分享，很多冷门视频能够迅速积累大量的观众和订阅者。YouTube的成功在于其平台能够承载和推广无数个小众内容，从而汇聚起庞大的观众群体。

网络效应与社交媒体极大地加速了长尾市场的扩展。通过用户生成内容（UGC）和社交平台的互动，冷门产品能够迅速被推荐给潜在用户，从而在短时间内获得显著的市场份额。

长尾的经济模型：从零售到内容创作的多样化

长尾理论不仅仅适用于零售业，还适用于内容创作、娱乐、音乐、教育等多个行业。随着技术的发展，越来越多的小型创作者能够以低成本发布和推广自己的作品，利用长尾效应在广泛的受众中找到自己的市场空间。

在音乐产业，Spotify和SoundCloud等流媒体平台通过数字化分销和个性化推荐，成功推出了许多独立音乐人的作品。虽然这些音乐人的单曲销售量较低，但通过平台推荐和社交分享，他们的作品能够触及全球范围内的听众群体。这种模式不仅推动了独立音乐人的崛起，还为平台创造了巨大的收入，提升了用户黏性。

长尾理论为多个行业带来了新的商业模式，特别是在内容创作领域。过去，只有少数大公司能够通过传统渠道向大规模的受众发布内容，而现在，任何内容创作者都可以利用平台发布自己的作品，并通过精准的推荐系统找到自己的受众。

供应链和库存管理：如何有效管理长尾产品

虽然长尾市场带来了巨大的潜力，但有效的供应链和库存管理是实现这一潜力的关键。对于大多数企业来说，冷门产品的需求量较低，传统的库存管理和分销渠道很难有效支持它们。然而，互联网和数字化平台的出现，提供了新的解决方案，使得企业能够以低成本管理大量的冷门产品，并高效地将它们分销到全球各地。

Zara通过其创新的库存管理系统，成功在全球市场上实施了长尾战略。Zara不仅根据时尚潮流设计了快速响应的产品系列，还通过高效的供应链管理，确保每款新产品都能迅速进入市场并满足消费者的需求。Zara不仅能够满足主流市场的需求，还能够通过小批量生产和定期上新的方式，引导消费者购买独特的、冷门的产品，从而在细分市场中占有一席之地。

通过数字化的库存管理和供应链优化，企业能够降低成本并提高效率。借助现代技术（如云计算、大数据分析等），企业可以实时监控冷门产品的需求变化，并在全球范围内高效调配资源，从而实现长尾市场的盈利最大化。

30 《逆转》（马尔科姆·格拉德威尔）

——如何利用"后发优势"实现弯道超车？

《逆转》是马尔科姆·格拉德威尔（Malcolm Gladwell）的一本重要作品，书中探讨了在竞争激烈的市场环境中，如何通过后发优势（the advantage of being late）来超越先行者。格拉德威尔反思了许多成功企业和个人的故事，指出，后发者并非永远处于劣势，实际上，在许多情况下，后发者反而能通过观察、学习和调整策略，在竞争中脱颖而出，甚至超越先行者。

学习先行者的教训：避免早期错误

格拉德威尔认为，后发者最大的优势之一是能够从先行者的失败和挑战中学习教训，并避免重复犯错。由于先行者往往率先进入市场，因此他们需要承担更高的风险，而后发者可以通过借鉴他们的经验，避免初期的错误，更好地优化自己的策略。

Facebook的创始人马克·扎克伯格并非探索社交网络的第一人，早期具有影响力的社交网站如MySpace和Friendster都曾风靡一时。但扎克伯格通过学习前辈的失败教训，改进了Facebook的用户界面、隐私设置和互动机制，从而为用户提供了更流畅、更直观的使用体验。Facebook的成功不仅仅是因为技术的领先，更多的是因为它避免了MySpace等平台早期的用户界面设计上的错误，打造了更符合用户需求的社交体验。

后发者能够从市场的"试错"中受益，通过观察先行者的挑战和失败，优化产品和服务。这种基于经验积累的"后发"策略，能够帮助企业减少试错成本，更快进入正轨。

利用市场变化：站在时代的潮头

后发者往往能够通过充分利用市场的变化和技术进步，在正确的时机采取行动，快速超越先行者。随着科技和市场环境的变化，许多行业出现了新的机会，后发者往往能够利用这些新的机会，采取更灵活和创新的策略，突破原有的市场格局。

尽管微软早在21世纪初便推出了Windows Mobile操作系统的雏形，但由于技术限制和市场变化，微软未能及时适应智能手机时代的来临。相反，苹果公司凭借其iPhone的创新设计和用户体验，在触摸屏和移动互联网的兴起中迅速占领了市场，成功超越了微软等早期参与者。

后发者能够借助技术的进步和市场环境的变化，站在新的起点上推出产品和服务。相比先发者的技术瓶颈，后发者能够利用最新的技术架构和市场趋势，打造出更具竞争力的产品。

利用创新的力量：快速迭代与适应

由于后发者进入市场时，市场上已有的产品和服务通常已经过一定的市场验证，因此后发者可以直接进入市场并改进这些已有产品，从而避免大量的试错过程。通过不断创新和迭代，后发者能够通过提供更具价值的解决方案来吸引更多消费者，最终超越先行者。

尽管Yahoo（雅虎）早于Google进入搜索引擎市场，并拥有广泛的用户基础，但Google凭借其更简洁、更精准的搜索算法，逐渐吸引了大量用户。

Google的成功不仅在于其搜索技术的创新，还在于其将搜索引擎与广告系统（Google Ads）成功结合，建立了一个全新的商业模式，创造了更大的市场空间。

后发者能够利用现有技术和市场经验进行创新，不仅提升了产品质量，还能通过快速的产品迭代、市场反馈和技术更新，适应不断变化的市场需求。这种快速适应和创新的能力，使后发者能够在竞争中占据更有利的位置。

快速执行：抓住时机，迎接市场变化

后发者的另一个关键优势是能够迅速执行并迅速调整战略。与先行者相比，后发者不需要在市场开发、技术验证或品牌塑造的早期阶段耗费大量时间和资源。通过快速进入市场并借助外部环境的变化，后发者能够迅速抢占市场份额。

Instagram作为社交媒体的后发者，迅速打破了Facebook、Twitter等先行者的市场地位。Instagram通过独特的照片滤镜和分享功能，迅速吸引了大量用户，并成功将视觉分享变成社交交流的核心方式。通过快速迭代和抓住移动互联网的潮流，Instagram成功超越了其他社交平台，最终被Facebook以10亿美元的价格收购。

后发者能够利用灵活的市场战略和快速的执行力，迅速响应市场需求，抓住新的增长机会。在竞争中占据有利位置的关键，往往在于快速的执行和灵活的调整。

后发者的灵活性：快速适应变化的市场环境

在《逆转》中，格拉德威尔指出，后发者往往具备比先行者更高的灵活性，因为他们不需要承担过多的初期投入和基础设施建设的成本。后发者能够根据市场需求的变化，快速调整战略和运营模式，以更低的风险进行创新。

尽管企业即时通信市场有如Skype、Microsoft Teams等强劲的竞争者，Slack仍凭借其简单直观的界面和高度集成化的团队协作功能，成功吸引了大批用户。Slack的成功在于它能够快速适应用户的需求，通过整合各种生产力工具，为团队提供一种无缝、高效的沟通和协作方式。通过持续的更新和灵活的功能扩展，Slack逐步从后发者成为该领域的领先者。

后发者的灵活性使其能够在已经成熟的市场中快速适应新的需求和技术变化，并通过灵活的产品设计、运营模式和战略调整，找到新的突破口。这种灵活性是后发者取得成功的关键因素之一。

4

第四部分

市场营销与创新

31 《从 0 到 1》（彼得·蒂尔、布莱克·马斯特斯）
——如何从零开始构建未来？

《从0到1》是由硅谷著名投资人和企业家彼得·蒂尔（Peter Thiel）和布莱克·马斯特斯（Blake Masters）所著的一本经典商业著作。本书的核心思想是，真正的创新不应该仅仅是复制现有的事物，而是要创造出全新的、具有突破性的产品或服务。蒂尔强调，创新并非仅仅是"从1到n"的改进过程（即对现有事物的优化和提升），更重要的是"从0到1"的革命性突破（即创造前所未有的东西，推动社会的根本性进步）。蒂尔通过书中的思考框架，探索了创新、竞争、技术进步、市场垄断等多个重要概念，提出了关于如何打造独一无二的公司、如何构建未来技术的深刻见解。

从0到1：创造全新的东西，而非仅仅复制

蒂尔在《从0到1》中提出，真正的创新是"从0到1"，即创造全新的、前所未有的事物，而非仅仅对现有事物进行小规模的改进。许多企业都在尝试优化和提升已有的产品，但这些改进往往难以带来真正的革命性突破。创新者应该着眼于未来，思考如何打造全新的技术或产品，改变行业的规则和市场的格局。

PayPal的创建便是一个典型的"从0到1"的创新案例。尽管当时市场上已经有了许多传统的支付工具和金融产品，但彼得·蒂尔与他的团队通过创建一个在线支付系统，彻底改变了人们进行电子支付的方式。PayPal不仅仅是传统银行业务的在线化，还通过全新的商业模式和技术，解决了全球支付的痛点，创造了一个全新的市场。

"从0到1"的创新并不只是技术上的创新，更是商业模式、用户需求和市场结构的创新。它要求企业敢于突破常规，放眼未来，创造出独一无二的价值，而不是依赖于对现有产品的微小调整。通过这种颠覆性的创新，企业能够在竞争激烈的市场中脱颖而出，成为行业领导者。

垄断与竞争：垄断是成功的关键

蒂尔在书中提出，最成功的企业往往不是在激烈的竞争中生存下来，而是在没有竞争的环境中独占市场。垄断并非一件不道德的事情，而是指企业通过创新和独特的技术优势，占据市场的主导地位，提供无可替代的产品或服务。

Google就是一个典型的垄断成功的案例。Google在搜索引擎领域通过创新的PageRank算法，彻底改变了互联网搜索的方式，迅速占领市场并形成了强大的竞争壁垒。尽管许多竞争者尝试进入这一市场，但Google凭借其技术优势和品牌效应，保持了全球搜索引擎的主导地位，并通过多元化扩展（如广告、云计算等）进一步巩固了市场垄断地位。

蒂尔强调，成功的企业不应当害怕垄断，而是应当通过创新和提供独特价值来创造一个无可替代的市场空间。垄断不是剥夺消费者选择的机会，而是通过为消费者提供最好的服务、最优质的体验和最强的技术，使得市场竞争不再重要。通过这种方式，企业能够获得超高的利润率和可持续的增长。

最好的公司如何塑造未来：关注"科技创新"而非"资本投入"

蒂尔认为，真正成功的公司并不是那些依赖资金积累和资本运作的公司，而是那些依靠技术创新和独特商业模式推动行业变革的公司。科技创新才是推动未来发展的真正动力。那些拥有突破性技术并能应用这些技术创造新市场的公司，才能在未来的竞争中占据主导地位。

SpaceX的崛起便是一个由科技创新推动的成功故事。尽管航天行业一直以来都受到高额成本和复杂技术的制约，但SpaceX通过创新的火箭技术和回收模式，不仅大幅降低了航天成本，还实现了可重复使用的火箭技术的重大突破，极大推动了商业航天的进步。通过技术上的突破，SpaceX成功打破了传统航天公司的垄断，成为全球领先的商业航天公司。

科技创新能够为公司创造持续的竞争优势，并推动行业的革命性进步。在《从0到1》中，蒂尔鼓励企业家和投资者将目光放在科技创新上，寻找那些尚未被发现的技术和市场机会。通过这种创新，企业能够塑造未来，并成为行业的领导者。

企业家的思维：做出独特的判断，避免模仿

蒂尔认为，企业家和创新者不应仅仅依赖于市场的趋势或模仿他人的成功，而是要敢于做出独特的判断，挑战现有的商业惯例。真正的企业家是那些敢于追求不确定性、敢于走与他人不同的道路的人。他们能够看到别人看不到的机会，并通过独特的视角创造出前所未有的价值。

Airbnb的创始人布莱恩·切斯基（Brian Chesky）和乔·杰比亚（Joe Gebbia）在一开始并没有得到很多人的认同，他们的商业模式和理念与传统酒店业格格不入。然而，他们通过大胆的创新和不拘一格的思维，成功建立了一个全球领先的共享住宿平台。Airbnb的成功源于其创始人敢于挑战传统，做出与众不同的决策，并坚定执行。

企业家需要具备独特的眼光和判断力，在市场中发现别人无法看到的机会。这种创新思维让企业能够脱颖而出，打造与众不同的商业模式，从而开创属于自己的成功之路。

全球化思维：从地方到全球的战略扩展

许多初创公司往往忽视了全球市场的潜力，而仅仅专注于本地市场的扩展。然而，成功的企业不仅仅在地方市场上取得突破，更具有全球化视野和扩展战略。蒂尔认为，只有将业务的目标从局部市场扩展到全球市场，企业才能在全球化的经济环境中获得更大的市场份额，并创造出可持续的竞争优势。

特斯拉的成功便是全球化战略的典型案例。尽管特斯拉最初在美国本土市场取得了巨大的成功，但它没有满足于仅仅服务美国市场，而是迅速将其业务扩展到中国、欧洲各国等全球市场。通过在全球范围内推出创新的电动汽车和能源解决方案，特斯拉不仅改变了全球汽车行业的格局，也促进了全球能源产业的转型。

全球化思维要求企业不仅要在本地市场上取得突破，更要扩展视野，进军国际市场。通过制定全球化战略，企业能够在不同国家和地区建立品牌影响力，并通过全球化的供应链和市场网络，提升自己的市场地位和竞争力。

32 《跨越鸿沟》（杰弗里·摩尔）
——如何从小众市场到主流市场？

　　《跨越鸿沟》是杰弗里·摩尔（Geoffrey A. Moore）的一本经典著作，主要讨论了技术创新产品从早期采用者到主流市场的过渡阶段，以及如何有效地跨越这一"鸿沟"（chasm）。摩尔在书中提出，技术创新产品在初期阶段通常会受到早期采用者的青睐，但当这些产品试图吸引更广泛的主流市场时，往往面临巨大障碍。企业如果无法有效跨越这一鸿沟，就会错失在大规模市场发展的机会，最终导致产品的失败。摩尔的核心观点是，技术创新产品的成功不仅仅依赖于产品本身的质量，更关键的是如何识别并把握早期采用者与主流市场之间的差异性。通过精准的市场定位、差异化的推广策略以及专注于特定细分市场的执行，企业能够跨越这一鸿沟，成功吸引主流消费者，并在市场中占据一席之地。

早期采用者与主流市场：理解两个截然不同的群体

　　摩尔在《跨越鸿沟》中指出，技术创新产品在不同阶段会吸引不同类型的消费者。早期采用者通常对新技术有浓厚兴趣，他们愿意承担技术和功能上的不确定性，并愿意为创新买单。然而，主流市场更加保守，关注的是产品的成熟度、稳定性以及是否能够解决实际问题。

　　苹果公司的iPhone初期吸引了大量的早期采用者，这些消费者对创新的触摸屏和应用程序生态系统充满兴趣。然而，当iPhone尝试从早期市场向主流市场过渡时，苹果公司需要通过优化硬件、简化用户界面、提升电池续航等手段，满足更广泛的消费者的需求。苹果通过逐步完善其产品，并强化营销传播，成功跨越了这一鸿沟，使iPhone成为部分主流消费者的首选。

跨越鸿沟的关键在于将产品从"小众市场"推向"大众市场"，并通过调整营销策略和完善产品来满足主流用户的需求。

精准的市场定位：选定一个"有利可图的市场"

摩尔提到，跨越鸿沟的企业不能盲目追求"大规模扩展"，而应该集中力量在一个相对较小但有着强大潜力的市场中，先赢得这个市场的信任和支持。通过在一个"有利可图的市场"中站稳脚跟，企业可以逐步扩大市场份额，最终获得主流市场的认同。

Salesforce是一家云计算公司，它在产品推出初期并没有立即大规模进入整个企业市场，而是选择了专注于小型和中型企业（SMB）这一细分市场。Salesforce通过为这些企业提供定制化的客户关系管理（CRM）解决方案，成功跨越了鸿沟，吸引了大量客户。

成功跨越鸿沟的企业往往不会将目标市场设定得过于宽泛，而是通过精准定位找到一个能够迅速获得市场份额的细分市场。这不仅能够帮助企业降低风险，还能够在市场中建立品牌声誉，并为后续的扩展打下坚实的基础。

市场教育：帮助主流市场理解创新的价值

摩尔指出，企业在跨越鸿沟时，除了要优化产品外，还必须通过市场教育帮助消费者理解创新产品的价值。主流市场往往不具备早期采用者那样的对新技术的了解和兴趣，因此企业需要通过有针对性的营销策略，帮助消费者理解新技术如何改善他们的日常生活或工作。

在进入主流市场时，特斯拉（Tesla）通过广泛的市场教育和宣传，成功将电动汽车的优势传达给了更广泛的消费者群体。特斯拉不仅强调环保和节能，还突出了其电动汽车的高性能和独特驾驶体验。通过持续的品牌传播和市场教育，特斯拉在全球范围内获得了主流消费者的认可，推动了电动汽车的普及。

市场教育在技术产品跨越鸿沟的过程中扮演了至关重要的角色。企业需要制定合适的传播策略，消除消费者对新技术的疑虑，并强调产品的实际价值。

领导力和执行力：构建跨越鸿沟的执行团队

在《跨越鸿沟》中，摩尔提到，成功跨越鸿沟不仅依赖于市场策略和产品优化，还需要有强大的执行力支持。通过构建高效的团队、有效的资源分配和建立持续的激励机制，企业能够确保战略目标的顺利实现。

微软的领导团队通过战略性的人才引进、资源配置以及持续的市场适应性调整，成功推动了Windows操作系统的普及。比尔·盖茨和他的团队不仅专注于技术创新，还通过合理的资源和人员配置，确保了产品的稳定性和市场的持续扩展。

执行力在企业成功跨越鸿沟时至关重要。领导团队的决策和执行能力能够直接影响战略的实施和市场反应。通过精准的领导力和组织管理，企业能够有效协调各个部门的资源，推动产品进入主流市场，最终实现战略目标。

聚焦早期市场的成功案例：通过先发优势获得市场份额

摩尔指出，在跨越鸿沟之前，企业应首先通过早期市场的成功来树立口碑和提升品牌影响力。早期市场的成功不仅为后续的扩展打下基础，还能够帮助企业积累客户反馈和进行技术优化，为其进入主流市场做好准备。

　　金融科技公司Robinhood抓住了年轻投资者对低门槛股票交易的需求，推出零佣金交易模式，打破了传统券商高额交易费用的壁垒，使得这家公司迅速在早期市场中获得关注和用户认可。通过社交媒体的口碑传播和用户体验优化，Robinhood在初期就建立了强大的品牌影响力，帮助其在竞争激烈的金融科技领域迅速抢占市场份额，并为后续产品多元化和全球扩张奠定了基础。

　　通过在早期市场积累成功经验和品牌影响力，企业能够在进入主流市场时减少不确定性，并获得更高的市场接受度。先发优势能够帮助企业在技术、口碑和市场份额上建立竞争壁垒，为后续的扩展和长期发展打下坚实的基础。

33 《定位》（艾·里斯、杰克·特劳特）
——如何在消费者心中占据一席之地？

《定位》是艾·里斯（Al Ries）和杰克·特劳特（Jack Trout）共同创作的经典之作，提出了"定位"这一重要的营销理论。定位的核心思想是，在竞争激烈的市场中，品牌和产品要想脱颖而出，必须在消费者的心智中占据一个独特的位置。通过精准的市场定位，企业能够有效地与竞争对手区分开来，并在消费者的心中形成深刻的印象，最终实现对市场的占领和长期成功。书中的理论核心是，成功的营销不仅仅依赖于产品本身的质量或市场份额的大小，更在于如何通过差异化、清晰的定位策略，使得品牌能够在消费者的心中形成鲜明的个性和优势。

市场定位：找到与竞争对手的差异化空间

《定位》强调，企业必须在市场中找到与竞争对手区别开来的独特位置，这个位置应该能够突出企业的优势并满足目标客户的独特需求。定位不仅仅是"是什么"或"卖什么"，更重要的是"如何呈现"——如何让目标消费者感知到产品或品牌的独特价值。

可口可乐和百事可乐在软饮料市场的竞争便是一个经典的市场定位案例。虽然两者的产品几乎相同，但可口可乐将自己定位为"经典""家庭"的饮品，强调饮品的历史和传统，而百事可乐通过强调"年轻、活力"和"现代"定位，成功吸引了年轻消费群体。两者通过不同的市场定位，分别占据了消费者心中的不同位置，并取得了各自的市场份额。

市场定位的核心在于差异化，企业需要明确自己在目标市场中的定位，并通过有针对性的品牌传播、产品开发和营销活动，使得消费者能够清晰地理解产品或品牌的独特性。只有通过精准的定位，品牌才能在竞争激烈的市场中脱颖而出，吸引并维持目标消费者群体。

消费者心智中的位置：从品牌传播到品牌认知

《定位》提出，成功的定位不仅仅是通过外部广告来传达信息，更是通过在消费者脑海中建立清晰的印象，最终在消费者的心智中占据一个独特的位置。这种心智中的位置需要通过持续的品牌传播、产品体验和口碑营销来巩固。品牌传播应始终围绕核心定位展开，确保品牌形象一致性，并增强消费者的品牌认知。

沃尔沃的品牌策略始终围绕着"安全"这一核心价值展开，从广告宣传到产品设计，沃尔沃始终强调其汽车在碰撞安全、驾驶体验和技术创新方面的卓越表现。沃尔沃不仅在车辆的设计上专注于强化安全性能，还通过持续创新推出了众多行业领先的安全技术，如安全气囊、碰撞预警系统等。

品牌的心智定位是一个长期的过程，它不仅仅依赖于一次性的广告营销，还需要通过一致的品牌传播和体验来构建消费者的认知。品牌需要确保每个接触点（无论是广告、社交媒体还是产品包装）都传递相同的品牌信息，从而在消费者心中建立深刻的印象，并确保其在市场中的独特性。

精准的细分市场：定义目标受众

《定位》强调，定位的成功离不开精准的市场细分。企业必须识别出市场中的不同消费者群体，并根据这些群体的需求和偏好制定相应的产品定位。通过有针对性的细分市场定位，企业能够更有效地满足目标消费者的特定需求，并将资源集中在最具潜力的市场上，避免资源的浪费。

奔驰在高端豪华车市场中，针对不同消费者群体推出了多个系列，如奔驰S级、E级、A级等，以满足不同收入和品位的消费者需求。通过精准的细分市场定位，奔驰能够更好地满足每个细分市场的需求，从而提升品牌忠诚度并实现市场份额的增长。

市场细分不仅能够帮助企业更精确地识别潜在客户，还能帮助企业在激烈的市场竞争中更具针对性地制定产品和营销策略。通过对不同消费群体的深入了解，企业可以确保其产品定位与目标市场需求高度契合，从而在细分市场中占据有利地位。

避免过度扩展：专注于一个清晰的定位

企业在制定定位策略时，不能试图迎合所有的消费者需求，而应聚焦于一个清晰的核心定位。过度扩展或模糊定位不仅会导致品牌形象的混乱，还会导致资源的分散，影响企业的长期发展。成功的企业往往会在市场中占据一个明确且易于识别的位置，而不是在过多的市场领域进行扩展。

麦当劳在全球范围内的成功便在于其始终坚持"快捷、便利、价格亲民"的品牌定位。虽然麦当劳在全球推出了不同的本地化产品，但始终没有偏离其核心定位——提供快速、实惠且高质量的餐饮服务。

明确且清晰的品牌定位是长期成功的关键。企业应当根据自身的资源、能力和市场需求，选择最适合的定位方向，并通过一致的品牌传播和产品服务，保持该定位的鲜明特色。

保持一致性：品牌定位在所有营销活动中的执行

《定位》强调，品牌定位不仅仅是一个理论概念，更需要在企业的所有营销活动中得到贯彻和执行。企业应确保从产品设计到广告宣传，从渠道管理到客户服务，每一个接触点都能传递相同的品牌定位。保持品牌一致性是建立强大品牌认知度和忠诚度的关键。

　　耐克（Nike）通过其经典的"Just Do It"广告语成功将品牌定位为"运动员的品牌"。无论是在广告、社交媒体还是产品设计中，耐克始终坚持这一定位，传递积极向上的运动精神和无畏挑战的品牌理念。

品牌一致性是长期成功的基础，只有通过每个环节的精确执行，企业才能确保消费者在每次接触品牌时都能感受到相同的价值主张。

定位的情感连接：超越功能的品牌价值

《定位》不仅仅强调产品功能和差异化，更指出成功的品牌定位需要建立与消费者的情感连接。消费者越来越倾向于选择那些能够触动他们情感的品牌，而不仅仅选择那些满足其基本需求的产品。

　　宝马的品牌定位不仅仅集中在高性能汽车上，还通过"驾驶乐趣"的情感诉求，建立了与消费者之间的情感连接。宝马的广告宣传中常常呈现出驾驶的激情和自由感，这种情感定位使得宝马的消费者不仅仅是在购买一辆汽车，更是购买一种驾驶的生活方式和情感体验。

情感连接在品牌定位中起到了至关重要的作用，它能够让消费者在理性选择之外，产生情感上的认同与依赖。企业应通过了解消费者的内在需求、生活方式和情感诉求，将品牌与消费者的情感体验相结合，创造出更具深度和长期价值的品牌形象。

34 《增长黑客》（肖恩·埃利斯、摩根·布朗）

—— 如何利用创新手段实现快速增长？

《增长黑客》是肖恩·埃利斯（Sean Ellis）和摩根·布朗（Morgan Brown）所著的一本开创性著作，提出了"增长黑客"（Growth Hacking）这一概念，并为企业提供了以低成本实现高速增长的战略思维。书中结合了大量初创公司和互联网企业的成功案例，展示了如何通过创新的营销手段和数据驱动的策略，突破传统营销模式的局限，快速实现用户增长和市场份额的提升。增长黑客并不是单纯地依靠传统的营销策略，而是通过灵活运用产品、技术和营销的创新手段来达到迅速增长的目的。肖恩·埃利斯和摩根·布朗认为，增长黑客的核心在于"测试和迭代"，通过快速实验、收集数据和调整策略，找到最有效的增长路径。特别是在资金有限、资源稀缺的初创公司中，增长黑客为企业提供了一条高效的增长之路。

增长黑客的定义：快速实验与数据驱动

肖恩·埃利斯和摩根·布朗在书中首次提出了"增长黑客"这一概念，强调了创新和数据驱动在增长过程中的重要性。与传统的营销方法不同，增长黑客更多依赖于低成本、高效的实验，通过不断测试和数据分析，找到最适合的用户获取和转化路径。增长黑客的目标是快速找到能够引爆用户增长的"增长点"，并在最短时间内使增长效果最大化。

Dropbox在推出初期，通过提供免费存储空间并鼓励现有用户推荐新用户，成功实现了病毒式增长。为了提高推荐转化率，Dropbox实施了邀请制并为每个邀请成功的用户提供额外的存储空间奖励。这个简单的增长黑客策略使Dropbox迅速获得了大量用户，并成功突破了初期的增长瓶颈，最终成为全球领先的云存储服务提供商。

增长黑客的本质在于通过快速实验和低成本手段找到最有效的增长策略。通过数据分析，企业可以快速识别哪些活动对用户增长有最大的影响，进而在此基础上不断迭代优化。对于资金和资源有限的初创公司，增长黑客提供了一条切实可行的能够实现快速增长的路径。

低成本的病毒式传播：社交媒体传播与口碑营销

增长黑客的重要特点是通过低成本的传播手段来实现快速的用户增长。与传统的广告和公关活动相比，增长黑客更加注重社交媒体、口碑传播和用户的自发分享。通过设计"病毒式传播"机制，企业能够激发现有用户的分享欲望，并通过他们的传播来扩大用户基础。

在Hotmail的初期阶段，创始人通过在每封发送的邮件底部添加"PS I love you. Get your free email at Hotmail"这句话，成功地促使每个用户都成为Hotmail的宣传员。这个简单的增长黑客策略促使用户主动分享，让Hotmail迅速在全球范围内扩展，最终使其成为全球最大的邮件服务平台之一。

病毒式传播是一种极具成本效益的增长策略，它通过现有用户的推荐和分享迅速提升产品或品牌的知名度。企业可以通过利用社交媒体平台、设立激励机制、共享链接等方式，鼓励用户主动分享并传播产品，从而实现低成本的市场渗透。

数据分析与快速迭代：从反馈中找出增长机会

增长黑客强调，企业在实施增长策略时，必须依赖数据分析来指导决策。通过收集用户行为数据、市场反应数据等信息，企业能够快速评估营销活动的效果，并及时调整策略。数据分析驱动的决策和快速迭代是增长黑客成功的关键要素。

LinkedIn（领英）在早期用户增长中，采用了A/B测试和数据分析来优化用户体验。通过分析哪些邀请方式、邮件内容和页面设计能够提高用户的注册率，LinkedIn逐步完善了自己的用户获取和转化流程。LinkedIn的这种增长黑客策略帮助它在短时间内获得了大量用户，并通过持续的数据反馈和优化，保持了快速增长。

数据分析与快速迭代是增长黑客的核心能力。企业应通过实时收集用户反馈，评估各项增长活动的效果，并通过数据支持的决策来进行优化。通过快速实验和不断调整，企业能够找到最适合自己产品的增长路径，从而实现持久的增长。

产品自带增长：通过产品本身吸引用户

增长黑客的一个重要概念是产品本身应具备增长的潜力，企业应该设计能够自然吸引用户的产品，使得产品在使用过程中，本身就能实现用户增长。这种"自带增长"的产品通常会在用户使用过程中自然地被分享、推荐和邀请，从而推动用户数量的增长。

Dropbox通过提供"邀请好友赚取更多存储空间"的方式，成功将产品本身与用户的增长挂钩。用户邀请其他人加入Dropbox后，不仅可以获得更多的存储空间，还能帮助Dropbox扩大用户群体。

通过产品自带增长，企业可以实现"自然"增长，减少对广告和其他外部渠道的依赖。产品的功能设计和用户体验应该鼓励用户主动分享和推荐，从而通过用户自身的传播和推广来实现增长。设计出能够激励用户推荐的产品，不仅能够加速用户数量增长，还能增强产品的市场吸引力。

精细化的用户留存：通过持续的价值创造保持用户活跃

增长黑客不仅仅关注用户的获取，还注重用户的留存。肖恩·埃利斯和摩根·布朗指出，企业必须通过持续的产品更新、客户服务和社区建设，保持用户的活跃度和忠诚度。

Spotify通过其个性化的"每日推荐"和"年度回顾"功能，成功提升了用户的留存率。通过不断更新和优化推荐算法，Spotify使用户每次使用应用时都能获得个性化的体验，并定期推出新的功能和内容以保持用户的活跃度。通过这些策略，Spotify不仅能吸引用户下载并注册使用，还能确保其持续使用该平台。

用户留存是增长的关键，只有确保现有用户的活跃和忠诚，企业才能实现持续增长。企业应通过持续的创新和优化，为用户创造更多的价值，增强其对品牌的依赖感，从而提高用户留存率。

社交证明与用户激励：利用社会影响力促进增长

《增长黑客》提到，社交证明是促使用户行动的强大动力，尤其是在早期阶段。通过利用现有用户的推荐和口碑传播，企业能够有效地扩大用户群体。

Airbnb成功通过用户的社交证明和激励机制促进了平台的快速扩展。通过让用户留下评价和评分，Airbnb不仅提升了用户之间的信任度，还通过用户的推荐和分享增加了平台的曝光度。此外，Airbnb还为房东和住客提供了推荐奖励，让现有用户成为新用户的传播者，进一步增强了平台的社交效应，实现了用户增长。

社交证明与用户激励措施能够大大增强增长黑客策略的效果。让用户成为品牌的传播者，企业不仅能够扩展用户群体，还能够通过口碑营销增强品牌的信誉和吸引力。企业应设计有效的奖励机制和激励措施，以促进现有用户参与推荐和传播，推动新用户的加入并提高留存率。

35 《疯传》(乔纳·伯杰)
——如何创造"疯狂"的信息传播?

《疯传》是乔纳·伯杰(Jonah Berger)的经典之作,书中深入探讨了为何一些产品、思想、行为或信息能够在短时间内迅速传播,并成为"病毒式"的现象。伯杰通过多年的研究和大量的案例分析,提出了影响信息传播的六个核心原则,并揭示了在现代社会中,如何利用这些原则来推动品牌、产品或信息的传播。通过对人类社交行为的深入剖析,伯杰为企业和营销人员提供了一套科学的传播策略,帮助他们在信息过载的时代脱颖而出。伯杰的核心观点是,"疯传"不仅仅依赖于广告或宣传,更依赖于情感、社会认同、实用价值等因素的共同作用。成功的传播往往由消费者自发地进行,而这种自发传播的力量往往比传统广告更加有效。

社交货币:让人乐于分享的价值

伯杰在书中提出了"社交货币"的概念,认为人们分享信息的原因往往不仅仅是帮助他人或传递信息,更是分享的行为本身能给分享者带来社会价值。人们喜欢分享能够提升自己社会地位,表现出自身聪明、有趣或独特之处的信息,因此,能够提供"社交货币"的信息或产品往往会迅速传播。

苹果公司的iPod和iPhone就是"社交货币"的经典案例。在初期,这些产品不仅仅是因为功能出色而被购买,更因为它们代表了一种时尚和创新的生活方式。拥有iPod或iPhone的消费者通常会自豪地展示自己的产品,而这种自我展示的行为本身就具有"社交货币"的价值,成为社交圈子中交流的焦点。这种社交认同的推动，促使iPod和iPhone成为全球热销的产品。

要让信息或产品快速传播，企业需要设计能够提升消费者社会地位和形象的传播内容。通过提供"社交货币"，企业能够激发用户的分享欲望，从而推动信息在社交网络中迅速传播。

触发性：如何让信息在人们的脑海中常驻

信息的传播不仅仅依赖于信息本身的内容，还依赖于"触发性"，即信息与特定场景或情境的关联。伯杰指出，当信息能够与消费者日常生活中的常见情境或情绪相结合时，它更容易被记住并引发讨论，从而实现传播。

《疯狂动物城》（Zootopia）的成功不仅仅因为其制作精良，还因为它巧妙地与当下社会的多元文化和包容性话题相结合。影片中的种族融合和社会包容的主题，触动了许多人心中的情感，并且容易在日常对话中被提起和讨论。通过这种"触发性"，针对电影的讨论和推荐迅速传播开来，成为一种社会现象。

为了促进信息的传播，企业应该努力将其品牌或产品与消费者的日常生活和情感紧密联系起来。通过创造与日常情境相关联的内容，企业能够在用户的日常生活中不断触发品牌记忆，从而提高传播的广度和深度。

情感性：通过情感共鸣推动传播

伯杰在书中强调，情感是信息传播的重要驱动力之一。当信息能够激发消费者的强烈情感反应时，传播的速度通常会大大提高，效果通常会大大增强。无论是喜悦、惊讶、愤怒还是恐惧，这些情感反应都能够使信息在社交网络中被迅速传播。

ALS（肌萎缩侧索硬化，又称渐冻症）冰桶挑战是一个典型的通过情感传播的案例。这个挑战最初是为了提高公众对ALS的关注，并募集捐款。通过社交媒体的传播，这个挑战吸引了大量用户的参与，用户不仅分享了自己的挑战视频，还通过情感化的故事和挑战的过程传递了对患者的关怀与支持。这个挑战最终成为全球现象，并为ALS研究筹集了大量资金。

情感驱动的传播不仅仅是为了引起人们的兴趣，还为了激发他们的行动力。

实用性：信息的实用性促使分享

伯杰指出，信息的实用性是促使分享的重要因素之一。当信息能够为消费者带来实际的好处或能够解决问题时，消费者更愿意分享这种信息。

美容品牌Sephora（丝芙兰）利用实用价值推动了其在线社区的快速增长。Sephora不仅提供化妆品销售，还通过在线教程、产品试用建议和化妆技巧分享，帮助消费者提升个人化妆技能。通过这种有实用价值的内容，Sephora成功地吸引了大量用户参与并自发分享，进一步扩大了品牌的影响力。

通过提供对消费者有价值的信息和内容，企业能够激发他们的分享欲望。无论是通过发挥教育功能、帮助解决问题还是提升生活质量，具有实用价值的内容往往更容易在社交媒体上广泛传播，并在消费者中建立积极的品牌认知。

公开性：通过可见性激发模仿与传播

信息的传播不仅依赖于内容本身，还取决于它在公众视野中的曝光程度。伯杰指出，当某个产品、行为或品牌标识在公共场合中被广泛展示时，它就会变得更加"可见"，从而激发他人的模仿和讨论，进而推动传播。

麦当劳凭借其标志性的金色拱门和统一的红黄配色方案，在全球各地的店面中始终保持高度一致的视觉识别性。无论身处哪个城市，当人们看到金色拱门时，都会立即联想到麦当劳，从而强化了品牌在消费者心中的存在感。顾客在进店就餐或外带时，也无形中成了这一形象的"行走广告"，进一步扩散了麦当劳的品牌影响力。

为了促进信息的传播，企业应努力提升产品和品牌的可见性。通过设计具有强烈辨识度的视觉元素和打造开放、易于观察的用户体验，企业不仅能在消费者心中树立鲜明的形象，还能让这种形象在公共空间中不断被观察、讨论和复制，从而扩大品牌影响力并推动信息的广泛传播。

故事性：通过讲故事传播品牌

讲故事，也是信息传播中极为有效的一种方式。人类自古以来就喜欢故事，好的故事能够引发人们的情感共鸣，并让信息更加生动和有意义。品牌可以通过讲述有趣、感人的故事来增强信息的吸引力，并激励消费者自发传播。

迪士尼通过讲述无数经典的童话故事、拍摄动画片和塑造角色，成功地构建了一个充满奇幻和梦幻的品牌世界。无论是《白雪公主》，还是《狮子王》，这些故事不仅仅关乎娱乐，还关乎爱、勇气、成长和希望。迪士尼通过不断讲述这些故事，传递了"创造快乐"的品牌精神。

讲故事能够将品牌的核心价值和信息以生动、感人的方式传递给消费者。通过真实和具有情感价值的故事，企业能够激发消费者的情感反应，让信息在社交网络中自发传播。品牌故事不仅能够加深消费者的品牌认同感，还能够提升品牌的长久吸引力。

社交媒体的力量：借助平台加速传播

在《疯传》一书中，伯杰还强调了社交媒体在现代传播中的巨大作用。社交平台的普及极大地降低了信息传播的门槛，使得任何人都可以成为信息的传播者。企业可以通过社交媒体平台来加速信息的传播，并通过平台特性（如点赞、分享、评论等）引导用户参与。

Instagram在成为全球最大的社交平台之一的过程中，成功利用了用户的分享和互动。通过简洁而美观的图片和视频分享，Instagram迅速吸引了大量用户，品牌和产品也在平台上迅速传播。通过巧妙的社交媒体策略和内容创作，Instagram不仅构建了全球社区，还成为品牌营销的重要渠道。

社交媒体使信息传播变得更加迅速和广泛。企业应利用平台的特点（例如设置标签功能、分享功能、互动功能等）来激发用户的参与热情，并通过社交影响力快速扩大品牌的传播范围。通过社交媒体的互动性，企业可以获得更加真实和精准的用户反馈，从而持续优化传播策略。

36 《影响力》（罗伯特·B. 西奥迪尼）
——如何利用心理学推动消费行为？

　　《影响力》是罗伯特·B.西奥迪尼（Robert B.Cialdini）的经典之作，书中深入探讨了人类行为背后的心理学原理，特别是如何通过影响力的六大原则——互惠、承诺和一致性、社会认同、喜好、权威、稀缺来改变他人的决策和行为。西奥迪尼通过一系列真实案例和科学实验，向读者展示了如何在日常生活和商业活动中利用这些心理学原理，推动消费者的决策，提高销售业绩，并在竞争中获得优势。西奥迪尼强调，人类在决策时并非完全理性，很多时候受无意识的心理影响。理解这些心理规律，不仅有助于人们避免被操控，也能帮助企业制定更有效的营销策略。书中的六大原则成为商业、销售和营销领域不可忽视的工具，帮助企业在影响他人消费行为时更加高效、精准。

互惠原则：回报的力量

　　西奥迪尼首先提出的影响力原则是"互惠"。互惠原则指的是当别人给予我们某种帮助时，有一种内在的压力促使我们去回报他们。无论这种帮助是否自愿，或是否有明确的要求，人们通常会感到有义务回报他人的善意。在商业领域，企业可以通过提供免费的小样品、优惠券或服务，激发顾客的回报行为，从而推动销售和提高忠诚度。

　　Costco（开市客）的会员制度便利用了互惠原则。在购买时，顾客能够体验到极具吸引力的折扣和商品优惠力度，Costco通过会员年费折扣制度和其他优惠活动建立起了顾客的互惠心理。顾客通过支付年费获得折扣，同时感受到不断回馈的价值，使得他们更加忠诚于品牌，并产生长期消费行为。

互惠原则在营销中的应用不仅限于促销或提供赠品，任何形式的赠予和好意都会让顾客产生回报的意愿。通过设计有效的回馈机制，企业可以促进消费者做出购买决策，并建立起长期的客户关系。

承诺和一致性原则：人们对承诺的遵守

西奥迪尼指出，人们倾向于维持一致性，尤其是在公开承诺之后。无论是对某个品牌的选择，还是对某个行动的承诺，一旦做出承诺，个体通常会寻找方式去保持一致性。因此，企业可以通过让消费者在购买决策过程中做出小的承诺，逐步引导他们做出更大的承诺。

三星的"以旧换新"项目利用了承诺和一致性原则。当顾客承诺将旧手机交给三星换取折扣或优惠时，顾客在未来选择新产品时，更容易选择同品牌的产品，因为他们已做出了承诺，并倾向于保持一致。这种渐进式的承诺使得消费者更容易在未来的购买决策中选择三星的产品。

承诺和一致性原则能够帮助企业通过小而稳步的承诺，激发消费者的购买欲并逐步增加他们对品牌的忠诚度。通过让消费者先做出一个小的承诺，企业可以增强他们的参与感，并促使他们在未来的决策中做出更大的承诺，从而推动销售。

社会认同原则：人类行为的社会驱动力

西奥迪尼强调，社会认同是影响人类行为的强大力量。当个体看到他人做出某种行为时，他们会倾向于模仿和跟随，尤其是在不确定的情境中。社会认同是人们在群体中寻求确认和归属感的一种心理需求。企业通过展示其他消费者的行为、评价和推荐，可以加速产品的传播和用户的决策。

奈飞（Netflix）的推荐系统便是通过社会认同推动用户观看新内容的经典例子。奈飞通过显示其他用户的评分和推荐，帮助用户做出决策。通过向用户展示其他人的选择，奈飞不仅减轻了用户的选择压力，还促使他们选择那些被广泛接受和评价的内容，从而加速了内容的流行。

社会认同是一种强烈的群体心理驱动力，企业可以通过展示顾客评价、用户评论、产品使用数据等方式，来激发潜在消费者的购买欲望。通过塑造和利用社会认同，企业能够有效促进产品的普及和市场份额的增长。

喜好原则：人们倾向于选择他们喜欢的销售人员或品牌形象

消费者更倾向于从他们喜欢或信任的人那里购买产品，通常会选择那些让他们感到舒适和愉快的销售人员或品牌形象。因此，品牌可以通过建立个人化的营销方式，或者通过与名人或有影响力的公众人物合作，增加品牌的吸引力。

可口可乐在其营销活动中选择了大量的明星代言，如与运动员和娱乐圈合作，利用名人效应增加品牌的吸引力。将明星与可口可乐品牌形象紧密联系在一起时，如果这些明星是消费者崇拜或喜爱的人物，消费者会更倾向于选择可口可乐。

通过利用喜好原则，企业能够通过与消费者建立情感联系，增强品牌的吸引力。无论是使用名人代言，还是建立个性化的沟通方式，品牌都能够提升消费者的偏好度，从而促进其做出购买决策。

权威原则：人们倾向于听从权威的意见

西奥迪尼还强调了"权威"在决策过程中的作用。人们倾向于相信专家或其他具有权威的人，在许多情况下，他们会根据这些权威的建议做出决策。

宝洁公司（P&G）在其营销中经常选择医生或行业专家作为产品的代言人。例如，宝洁的"潘婷"洗发水就通过专业的皮肤科医生和发型师推荐，建立了强大的权威性，使消费者对产品的效果更具信心，推动了销量的增长。

借助权威原则，企业可以通过专家推荐或第三方认证来增强产品的可信度和市场竞争力。消费者会更倾向于相信那些具有专业背景或认证的品牌，从而提高品牌转化率并提升品牌的市场地位。

稀缺原则：限量和机会的吸引力

《影响力》最后提到的一个重要原则是"稀缺"。人们通常会对稀缺或限量的产品产生强烈的需求和欲望。西奥迪尼指出，稀缺能够引发消费者的"错失恐惧症"，促使他们更快做出购买决策。

耐克的限量版鞋子是利用稀缺原则的经典例子。耐克通过推出限量版运动鞋，制造了稀缺性，使得消费者产生了强烈的购买欲望。每当新的限量版鞋子发布时，消费者通常会排长队等待购买，或者通过二手市场以更高的价格购买。

稀缺性能够促使消费者迅速行动，因为他们不愿错失购买的机会。通过限制产品的供应量或提供限时优惠，企业能够激发消费者的紧迫感，推动产品的快速销售。

37 《紫牛》(塞斯·高汀)
——如何创造独特的市场亮点？

《紫牛》是塞斯·高汀（Seth Godin）的经典之作，他在书中提出了"紫牛"这一概念，意指在平凡的牛群中脱颖而出的那只独特的紫色牛。高汀认为，成功的企业和品牌必须跳出常规的框架，创造出具有显著差异化和吸引力的产品或服务，以在市场中脱颖而出。简单模仿或遵循传统的营销套路，已经无法满足现代消费者的需求，企业必须通过具备创新和独特性的产品来吸引注意力并建立市场竞争力。高汀强调，现代市场竞争激烈，消费者的注意力分散，传统的营销方式往往难以有效地触及目标群体。因此，真正的"紫牛"需要具备独特性和不可复制的创新性，能够打破常规，创造出让人惊叹的亮点。

突破常规：创造具有独特性的产品

高汀认为，企业要想在市场中取得成功，必须创造出具有独特性的产品。与其追求市场上已有产品的"优化"或"改进"，不如创造完全不同的、具有颠覆性的新产品。只有这样，企业才能打破市场的常规，吸引消费者的注意力。

iPod的出现就是一个经典的"紫牛"案例。在2001年，苹果公司推出iPod时，市场上已经充斥着各种MP3播放器，但iPod凭借其独特的设计、简洁的用户界面以及与iTunes的无缝集成，迅速吸引了大量用户。iPod不仅仅是一个音乐播放器，更成为一种文化象征。通过与众不同的产品设计和创新，iPod打破了市场常规，重新定义了数字音乐的消费方式。

"紫牛"不仅仅是通过外观设计的独特性吸引消费者，更多的是通过创新和独特的功能、服务以及品牌故事，创造出了无法复制的竞争优势。

做出令人惊讶的市场营销

高汀提到，传统的营销策略已经不足以吸引现代消费者的注意力。企业必须采用更具有创新性和更令人惊讶的营销策略，让自身在众多信息中脱颖而出。这不仅仅是广告或宣传层面的创新，还在整个营销过程中，创造出了让人意想不到的惊喜和体验。

Dollar Shave Club（美元剃须俱乐部，简称DSC）的成功便是通过独特的营销方式打破了传统剃须刀市场的常规。在2012年，Dollar Shave Club发布了一条幽默且接地气的广告，迅速走红网络。广告通过轻松幽默的方式，向消费者传递了品牌的价值——通过每月订阅方式，提供高品质、低价格的剃须刀。该广告不仅令人惊讶，还迅速传播开来，吸引了大量消费者的关注，成功打破了Gillette（吉列）等传统剃须品牌的市场垄断。

"紫牛"的营销不仅仅是做广告，更是通过创新的方式打破市场中的常规。企业可以通过与众不同的传播方式、引人入胜的故事或独特的互动体验，吸引消费者的关注，并激发他们的兴趣和参与感。

关注细分市场：精准锁定受众

成功的"紫牛"并非需要吸引所有人，而是需要精准锁定特定的细分市场，满足这一群体的独特需求。在现代市场中，消费者的需求变得越来越多样化，企业可以专注于某一特定群体，为其提供更加个性化和定制化的产品和服务，从而实现突破性的增长。

GoPro的成功就是通过精确锁定极限运动爱好者群体，并为他们提供专为运动设计的便携式摄像设备而取得的。GoPro不仅仅是销售一款相机，还通过打造一个极限运动爱好者的社区，让用户记录和分享他们的冒险经历。通过专注于细分市场，GoPro成功吸引了大量忠实的用户，并在短时间内成为全球领先的运动相机品牌。

企业应该避免在市场中追求广泛的目标群体，而是专注于满足特定群体的需求，并为他们提供无可比拟的价值。通过精准的市场定位，企业能够提升品牌的知名度和忠诚度，并在细分市场中建立不可动摇的领导地位。

失败的风险：敢于尝试并接受失败

要想创造"紫牛"，企业必须敢于冒险、打破常规，并能够接受失败的风险。许多成功的品牌之所以能够脱颖而出，是因为他们勇于尝试新事物，尽管这些尝试有时可能会失败。然而，失败本身也是创新和进步的组成部分，成功的企业能够从失败中学习并继续前行。

Spotify的成功经历了巨大的挑战和失败。最初，音乐流媒体服务被许多行业专家认为无法盈利，并且面临着版权问题的巨大压力。然而，Spotify的创始人之一丹尼尔·埃克坚信数字音乐的未来，敢于挑战传统的音乐产业。他们不断改进算法，优化用户体验，并与主要音乐公司达成合作，获得合法的音乐版权。最终，Spotify通过创新的音乐推荐系统、个性化播放列表以及便捷的用户界面，打破了传统的音乐消费模式，成为全球领先的流媒体平台。

创新的道路上充满了挑战和风险，企业必须具备容错的心态，并且愿意在尝试中不断调整和优化。通过鼓励尝试和冒险，企业能够激发团队的创造力，并通过不断实验和失败，最终找出最适合市场的创新路径。

持续创新：保持品牌活力

高汀指出，创造"紫牛"并非一次性的努力就能成功，而是需要持续地进行创新和优化。企业必须不断地更新产品和服务，保持品牌的活力和吸引力。创新不仅仅是产品设计上的突破，还包括在营销、客户体验、服务模式等各个方面的持续创新。

戴森（Dyson）最初的创新是无袋吸尘器，它突破了传统吸尘器的设计，解决了吸尘器常见的吸力下降问题，凭借此产品的革命性创新，戴森在家电行业建立了品牌声誉。但戴森并未止步于此，而是通过持续的创新使其产品种类不断拓展，相继推出了无叶风扇、智能空气净化器等，这些都展示了其不断突破传统家电设计和功能的决心。

创新需要贯穿企业的每一个环节，从产品研发到市场营销再到客户体验，只有通过持续的创新，企业才能保持竞争力，并不断为消费者提供新的价值。创新不仅是产品本身的突破，更是品牌文化和市场策略上的持续进化。

38 《顾客为什么购买》（帕科·昂德希尔）
——如何帮助顾客做出购买决策？

《顾客为什么购买》是帕科·昂德希尔（Paco Underhill）的一本重要著作，在书中，昂德希尔基于多年的研究和实际案例，深入探讨了影响消费者购买决策的心理动机。通过揭示顾客在购买过程中如何做出决策，以及他们如何受到感性、理性和社交因素的驱动，昂德希尔为企业和营销人员提供了更精确的理解和实践工具，帮助他们更好地抓住消费者的需求，从而提高销售量和客户忠诚度。在书中，昂德希尔强调，购买决策不仅仅是理性的经济行为，更是由情感、社交认同、品牌体验、心理定价等多重因素所驱动。

情感驱动：购买决策背后的情感因素

昂德希尔指出，情感是推动消费者做出购买决策的核心动力之一。许多消费者的决策并非完全理性，而是受到情感因素的影响。无论是对产品的好感、对品牌的认同，还是对购买行为本身的情感体验，情感都在很大程度上影响着消费者做出购买决策。

可口可乐的圣诞广告，通过对温暖环境、家庭团聚和节日氛围的描绘，激发了消费者的情感共鸣。通过情感诉求，可口可乐不仅仅在推广饮品本身，还在推广一种情感体验，让消费者在购买时不仅仅是为了解决口渴问题，更是为了体验"共享"和"温暖"的情感价值。

情感驱动的购买决策使得消费者对品牌产生深层次的认同。企业应当识别和塑造与目标消费者能产生情感共鸣的品牌故事，并通过广告宣传、产品包装、体验营销等方式，将情感诉求融入品牌传播中，从而增强品牌的吸引力。

社交认同：群体的力量在购买决策中的作用

在《顾客为什么购买》中，昂德希尔提到，消费者的购买行为往往受到社交认同的影响。人们倾向于模仿他人，尤其是在不确定或陌生的情况下。消费者会倾向于购买那些在社会中已经获得认可的产品或品牌，因为他们相信这种行为能够帮助自己融入群体或展示自己的社会地位。

Glossier通过社交认同成功建立了强大的品牌影响力。品牌在Instagram等社交平台上与消费者建立紧密联系，鼓励用户分享自己的产品使用体验和化妆技巧。通过用户生成内容（UGC）的传播，Glossier增强了品牌的可信度和吸引力，吸引了大量用户自发推荐。与此同时，Glossier还与美容博主和社交媒体名人合作，通过他们的推荐进一步扩大了品牌的影响力，逐步成为年轻女性群体中广受欢迎的"社交品牌"。

社交认同可以通过消费者评价、名人代言、社交媒体的口碑传播等多种方式进行。企业可以利用这种社交认同机制，通过正向的反馈和推荐，吸引更多的潜在消费者，并建立消费者对品牌的信任感，提升品牌的吸引力。

心理定价：消费者如何感知价格的价值

《顾客为什么购买》也深入探讨了价格对消费者决策的影响。昂德希尔指出，消费者对价格的感知并非单纯地根据实际金额来判断，而是通过心理定价机制来评估价值。消费者往往通过"价格锚定效应"（Price Anchoring Effect）来感知商品的价值，即在看到高价商品后，会把价格较低的商品视为更具吸引力的选择。

星巴克的饮品定价通常高于一般咖啡店，但消费者在看到星巴克高价的饮品后，常常会认为其中等价位的饮品也具有较高价值。例如，星巴克的一杯咖啡虽然价格比普通咖啡店高，但由于其品牌效应和定价锚定，消费者往往会认为其提供了更高品质的体验。

心理定价利用了消费者的感知偏差和情感因素，可以通过设置高价商品或捆绑销售等方式，引导消费者做出购买决策。企业需要根据消费者的心理预期和市场定位来设置价格，提升产品的感知价值，从而提高销售转化率。

产品独特性：为什么差异化能够吸引消费者

昂德希尔指出，消费者对差异化产品的偏好常常源于他们对独特性和稀缺性的需求。与其提供通用的产品或服务，不如打造具有独特性和稀缺性的产品，使消费者感到这些产品具有独特的价值。

特斯拉的成功不仅仅是因为其电动汽车的环保性，更是因为其品牌和产品的独特性。特斯拉的电动汽车不仅外观设计独特，性能也突破了传统汽油车的限制。特斯拉通过创新的自动驾驶技术、高效的能源系统和独特的品牌故事，成功吸引了大量注重创新和科技的消费者，成为全球电动汽车市场的领军品牌。

通过创新和打造有独特性的产品，企业不仅能吸引到对产品有独特需求的消费者，还能提高品牌的市场知名度和消费者的忠诚度。品牌的差异化不仅是通过产品设计和技术创新实现的，还可以通过个性化的营销和客户体验来增强。

即时满足：现代消费者对便捷和即时反馈的需求

在现代社会中，消费者越来越倾向于追求即时满足，尤其是在互联网时代，信息和商品的获取变得更加便捷。企业如果能够提供快速的响应和即时的反馈，将大大提高顾客的购买意愿。

Uber的成功正是通过即时满足消费者需求而实现的。作为共享出行的创新者，Uber通过其移动应用让消费者能够在几分钟内获得打车服务，这种极致的便捷体验改变了传统出租车行业。用户只需在手机上轻松点击，即可获得周围司机的快速响应，并通过实时定位监控车辆的行驶状态。这种即时满足的服务不仅节省了消费者的时间，还提升了他们的出行体验。

在如今的数字时代，消费者期望能够随时随地获得商品和服务。企业应通过提高响应速度、优化用户体验和提供即时反馈来满足这种需求，从而促使消费者做出购买决策，提升其品牌忠诚度。

独特的品牌体验：从商品到体验的转变

昂德希尔在书中提到，消费者不仅仅是购买产品本身，他们更看重产品背后带来的整体体验。无论是购买过程、品牌文化，还是产品交付，品牌体验已经成为影响消费者购买决策的关键因素。

迪士尼不仅仅是一个娱乐公司，它通过极富创意的主题公园和影视作品，为消费者提供了沉浸式的体验。无论是游客在迪士尼乐园的互动体验，还是观看迪士尼电影时的情感投入，迪士尼成功将品牌体验融入消费者的生活，并通过这一独特的体验建立了强大的品牌忠诚度。

品牌体验的创新不仅仅局限于产品本身，而是贯穿于每一个消费者接触品牌的环节。通过创造独特的品牌体验，企业能够加深消费者对品牌的情感认同，提升品牌的市场竞争力。

信任与信誉：品牌信誉对购买决策的影响

消费者倾向于选择那些他们信任的品牌，而品牌的信誉不仅来源于产品质量，还包括售后服务、品牌历史以及消费者对其价值观的认同。企业必须通过长期的诚信经营、正面的公众形象以及高质量的产品和服务来建立和维护品牌信誉。

强生（Johnson & Johnson）凭借其对消费者健康的承诺和高质量的医疗产品，赢得了全球消费者的信任。即使在面对"婴儿爽身粉"事件时，强生通过公开透明的回应和积极的应对措施，成功恢复了公众对其品牌的信任，并继续维持其作为家庭健康护理领导品牌的地位。

品牌信誉是影响消费者购买决策的一个关键因素，尤其在面对竞争激烈的市场时，信誉能够成为品牌的差异化优势。企业可以通过提供可靠的产品和卓越的服务、快速响应消费者需求等方式，不断积累和维护品牌的信誉，增强消费者的信任感，并在市场中占据更强的位置。

39 《引爆点》（马尔科姆·格拉德威尔）
——如何用小变化引发大变革？

《引爆点》是马尔科姆·格拉德威尔（Malcolm Gladwell）的一部经典之作，书中深入探讨了社会现象、流行趋势和产品如何在看似微不足道的变化中迅速被"引爆"，并在短时间内蔓延开来。格拉德威尔提出了"引爆点"的概念，意指一个特定的临界时刻，某个想法、产品或趋势会通过一些关键因素和特殊人物的推动，迅速从小范围蔓延到大范围，最终变成全球性现象。

关键人物的作用：传播者、联结者和销售员

在《引爆点》中，格拉德威尔提出了三种"关键人物"——传播者（mavens）、联结者（connectors）和销售员（salesmen）。这些人并不是普通消费者，而是社会网络中的关键节点，通过他们的影响力和社交网络能够迅速传播信息。

· 传播者是那些知识丰富的人，他们乐于分享信息和经验，并能帮助其他人做出购买决策。

· 联结者是社交网络中的桥梁，他们认识广泛的人群，能够将不同社会圈层的人连接起来，促进信息的广泛传播。

· 销售员是那些具有极强说服力的人，他们通过自身的影响力和说服技巧，能让更多人接受某种理念并购买某种产品。

在20世纪90年代中期，Hush Puppies（暇步士）鞋子几乎濒临破产，但通过一些时尚界的联结者和传播者（如时装设计师和流行文化人物）的推

动，这个品牌突然在纽约和其他主要城市的街头复兴，迅速成为时尚潮流的象征。时尚界中的这些关键人物帮助Hush Puppies鞋在短短几个月内从小众品牌变成了全球热销品牌。

成功的"引爆点"往往来自少数关键人物的推动，他们通过社交网络或人际关系链的作用，迅速扩大信息的传播范围。企业在推广某一产品或服务时，必须识别并利用这些关键人物的影响力，从而加速产品或理念的传播。

连接和社会网络：通过网络效应扩大影响力

信息的传播并非随机的，而是受到社会网络结构的影响。通过理解和利用这些社会网络的特性，企业和个人能够在关键时刻触发"引爆点"。社交网络中的每个个体与他人建立的联系形成了传播信息的渠道，某些人（联结者）由于拥有更广泛的社交网络，能够在更短时间内推动信息的传播。

Twitter起初是一个小型的社交平台，但早期通过邀请名人和公众人物（如政治家等）参与，平台的影响力得到了迅速扩大。这些具有大量粉丝的用户通过转发（retweet）扩展了信息的传播范围，形成了病毒式的传播效应。随着信息的快速传播，越来越多的人开始加入Twitter，迅速将其从一个局部社交平台推向全球。

社会网络中的连接性和信息流动性是"引爆点"现象产生的核心动力。通过有效利用这些网络结构，企业和个人可以将信息迅速传递给目标群体，并扩大其影响力。社交媒体作为口碑传播的阵地和人际关系的纽带，使得信息和趋势能够更快地传播，进而形成广泛的社会现象。

临界点：量变引发质变

格拉德威尔提出，在任何社会现象中，都会有一个临界点，当参与者的数量、信息的传播速度或趋势发展的力量达到某一特定值时，社会现象会被迅速引爆并产生爆发性增长。临界点并非简单的数量积累的结果，而是一个质变的时刻。当信息在合适的时机达到足够的广泛度，或当人群在某一关键节点上做出一致性决策时，就会出现"引爆点"，并迅速改变市场和社会的格局。

"Tipping Point"现象本身便是一个经典的例子。这个术语来源于社会学理论，指的是一件事情或现象突然得到广泛关注，产生爆炸性增长的时刻。举例来说，社交平台如Facebook起初只是在大学校园中流行，但随着用户数的增加，该平台迅速进入到更广泛的群体中，最终成为全球社交平台的领导者。

"引爆点"并非来源于单纯的数量积累，而是要在合适的时机达到关键的临界点。这一时刻，信息的传播达到一个特定的水平，质变随之而来。企业和社会领导者需要识别这些临界点，并在这些时刻快速采取行动，推动信息和趋势的爆发。

时机的力量：通过合适的时机触发引爆点

格拉德威尔指出，时机在"引爆点"的形成中起到了决定性作用。许多看似偶然的现象实际上是特定的时机和社会环境共同作用的结果。企业如果能够准确把握市场的时机，就能迅速推动某一现象成为主流。

随着智能手机的普及，消费者对智能穿戴设备的需求逐渐增加，特别是在健康监测、运动追踪和日常便利性方面的需求日益增加。Apple Watch通过其与iPhone的无缝连接以及强大的健康监测和运动追踪功能，精准地抓住了这一时机，并迅速引发了全球的热潮，成为智能手表市场的"引爆点"。

时机对于"引爆点"至关重要。企业要能够识别市场中正在发生的变化，并在合适的时机推出创新产品或服务。通过观察社会的趋势变化，企业能够在适当的时机做出战略决策，将信息或产品推向市场并触发"引爆点"。

病毒式传播：让信息自动自发地传播

格拉德威尔提出，许多成功的"引爆点"现象并非依赖传统的广告宣传，而是通过病毒式传播，自发地在社交圈内蔓延。病毒式传播依靠的是信息的有趣性、实用性和社交吸引力。当信息能够引起人们的兴趣，并通过社交网络不断转发和扩散时，便会形成一个自我加强的传播效应。

沐浴露品牌Old Spice（欧仕派）的"Smell Like a Man"广告系列就是一个成功的病毒式传播案例。通过一系列幽默、夸张并富有创意的广告，Old Spice成功吸引了大量观众的注意，尤其是在社交媒体上引发了广泛讨论和分享。短短几个月内，Old Spice的品牌形象发生了巨大的变化，成为全球知名品牌。

病毒式传播能够通过社交网络快速扩散，推动信息的快速传播和品牌的流行。企业可以通过创新的营销方式和社交化的内容策略，激发消费者的传播欲望，形成自发的社交效应，从而实现品牌的快速增长。

40 《IDEO，设计改变一切》（蒂姆·布朗）
——如何通过设计思维推动创新？

《IDEO，设计改变一切》是由蒂姆·布朗（Tim Brown）等人所著的一本关于创新和问题解决的经典之作。书中详细阐述了"设计思维"（Design Thinking）这一方法论，强调如何运用跨学科的思维方式来解决复杂问题，推动创新，提升产品和服务的质量。设计思维不单单局限于传统的产品设计，而是一种广泛适用的创新方法，涵盖了企业管理、服务设计、教育改革、社会创新等多个领域。

以人为中心：理解用户需求是创新的起点

设计思维的首要原则是"以人为中心"，即所有的创新都应该从用户的需求出发，深刻理解用户的痛点和需求。成功的设计思维不仅仅是解决技术问题，更要解决"人"面临的实际问题。通过与用户的互动，收集反馈，设计师能够真正理解用户的需求，进而设计出符合用户期望的产品和服务。

IDEO公司设计的苹果鼠标就是一个经典的以人为中心的设计案例。苹果公司在推出其首款鼠标时，面临着用户对传统鼠标形状不满意的问题。IDEO通过对用户的观察与访谈，发现用户对传统鼠标的形状和操作感受不满意。通过反复原型制作和用户测试，IDEO最终设计出了符合人体工程学的鼠标，使用户在使用过程中感到更加舒适和自然。这一创新改变了计算机外设的设计趋势，也成为设计思维的经典范例。

设计思维的成功在于把用户的需求视为创新的核心，真正做到"以人为中心"。通过细致的用户调研和反复的设计验证，企业能够打造出符合消费者真实需求的产品，从而在市场中获得竞争优势。

跨学科协作：多元化的思维方式推动创新

设计思维强调跨学科的合作与协作，认为多元化的思维方式能够推动创新。布朗指出，解决复杂问题需要具有不同背景、经验和专业知识的人员进行合作。通过汇聚不同领域的专家，团队能够从多个角度分析问题，产生创新的解决方案。

在经历了销售困境后，休闲服装品牌Tommy Hilfiger邀请了设计师、营销专家、消费者行为学家以及技术人员组成跨学科团队，共同为品牌注入新的活力。团队成员通过深入分析消费者心理、时尚趋势以及数字化渠道，成功打造了品牌的全新形象，并通过创新的数字营销策略吸引了大量年轻消费者，帮助Tommy Hilfiger重返市场领导地位。

跨学科的合作与协作能帮助团队打破单一学科的局限，从不同角度探索问题的解决方案。在复杂的创新过程中，通过集思广益，团队能够产生更多创意，解决更具挑战性的问题。

快速原型制作：从构想到实践，验证创意

设计思维倡导通过快速原型制作来测试和验证创意，而不是等待完美的方案。这一过程强调通过低成本、低风险的原型设计，进行快速实验，获得用户反馈，然后进行调整和优化。

Dropbox的创始人之一德鲁·休斯顿（Drew Houston）在创建初期并没有开发出完整的产品，而是先制作了一个简单的演示视频，展示如何利用云

端存储共享文件。这一视频吸引了大量用户的兴趣，为后来的产品开发提供
了真实的用户需求和市场反馈。

快速原型制作能够显著降低创新的风险，让企业尽早发现问题并调整方案。
在设计思维中，快速实验和用户反馈是验证创意的关键步骤。这种方法能够加快
产品开发周期，帮助团队在实际应用中找到最有效的解决方案。

定义问题：清晰的问题定义是创新的前提

在运用设计思维的过程中，问题的定义至关重要。布朗强调，清晰、准确地
定义问题是创新的第一步。如果问题本身定义模糊，后续的创新过程也会失去方
向。通过深入的用户调研、需求分析和问题梳理，设计师能够明确项目的核心问
题，从而为后续的创意和设计奠定基础。

空客（Airbus）在设计A380超大客机时，清晰地识别了航空行业对更
大、更高效飞机的需求。通过深入分析客户需求和市场趋势，空客明确了其
产品应该满足的关键要求，并开始从乘客舒适性、燃油效率和载客量等多方
面进行创新。A380的成功正是基于对航空市场问题的准确定位，并通过设
计思维提供了解决方案。

正确识别和定义问题是创新的起点。通过对问题的精准定位，团队能够集中
精力解决核心问题，避免陷入无关紧要的细节中。清晰的问题定义能帮助设计思
维团队在复杂环境中找出创新的突破口。

设计思维的反馈循环：反复迭代，持续优化

设计思维强调反复的原型测试和用户反馈，形成一个持续优化的循环。布朗
认为，创新的过程是一个动态的、不断演进的过程。在创新的每个阶段，设计团

队都应当注重收集反馈、分析结果，并根据反馈不断调整设计。

Nike的产品开发过程体现了设计思维的反复迭代原则。在设计运动鞋时，Nike不断测试鞋款的舒适性、耐用性和运动表现，通过消费者反馈不断改进每一款鞋子。Nike的设计师与运动员密切合作，确保每一款鞋子都能够在舒适性、耐用性和运动表现上达到最佳效果。通过这种持续的反馈循环，Nike能够保持在运动鞋市场的领导地位。

设计思维中的反复迭代和反馈机制让企业能够快速找到最适合用户需求的解决方案。在不断优化的过程中，产品不仅能满足当前需求，还能通过持续改进适应未来变化，确保企业在市场中保持竞争力。

解决复杂问题的分解法：逐步解决，逐步创新

设计思维也强调如何将复杂问题分解为更小的、可管理的部分。面对复杂的设计或创新任务时，设计师应当把大问题拆解成更具体的小问题，并逐个解决。这种方法可以帮助团队避免在面对复杂问题时产生困惑，从而在实际的设计和创新过程中保持清晰的思路和高效的执行力。

LEGO（乐高）公司在推出新的玩具系列时，通过分解消费者需求，逐步优化产品设计。他们不仅关注孩子们对玩具的兴趣点，还考虑到家长对教育性的需求。通过将玩具的功能和市场需求拆解成多个小部分，LEGO逐步推出了既有娱乐性又具教育意义的产品，成功扩大了其市场份额。

分解法有助于团队在面对复杂问题时保持清晰的目标和方向。通过将大问题分解为小问题，并逐一攻克，团队能够更加专注于每个环节的创新，避免因复杂程度过高而无法有效推进项目。

5

个人发展与时间管理

41 《高效能人士的七个习惯》(史蒂芬·柯维)
——如何成为一名高效能人士？

《高效能人士的七个习惯》是史蒂芬·柯维（Stephen R.Covey）的经典著作之一，这本书自发布以来，深刻影响了无数个人和团队的管理理念和工作效率。书中的七个习惯并非简单的时间管理技巧，而是一种通过建立正确的思维方式和行为习惯，从内而外提升个人效能的理念。柯维通过这七习惯帮助读者从"依赖他人"到"独立自我"，再到"相互依赖"，最终实现个人与职业生涯的全面提升。

积极主动：掌控自己的命运

第一个习惯是"积极主动"，即每个人都应该对自己的行为、情绪和生活负责。积极主动的人不会将责任归咎于外部环境或他人，而是以行动和决策来应对挑战。柯维强调，积极主动的人拥有控制自己命运的能力，他们意识到自己可以选择回应生活中的各种情况，而不仅仅是被动接受外界的影响。

理查德·布兰森，维珍集团的创始人，就是一个典型的"积极主动"的例子。即使在早期创业时面临重重困难，布兰森依旧通过坚定的信念和积极的行动力，带领维珍集团从音乐行业扩展到航空、通信、娱乐等多个行业。布兰森对自己的决策负责，并不断抓住机会，最终创造了一个全球知名的品牌。

"积极主动"是高效能人士的基石。只有主动承担责任，并掌握应对生活中挑战的能力，才能在面对不确定性时仍然保持积极的心态，最终实现个人和职业生涯的成长。

以终为始：明确目标，规划未来

第二个习惯是"以终为始"，即在开始任何行动之前，先要明确自己的最终目标和人生方向。这一习惯强调通过设定清晰的目标来引导日常行动，帮助个人避免盲目和无意义的努力。柯维建议读者在行动之前先进行反思，明确自己想要的成果，并根据这个目标来设计自己的计划和步骤。

埃隆·马斯克通过明确的长期目标引导他的行动，尤其是在推动SpaceX和特斯拉发展的过程中。马斯克设定的远大目标，例如让人类成为多星球物种、推动全球电动化进程，为他的事业提供了明确的方向。这些宏大的目标帮助他保持了高度的专注力和动力，即使面对重重困难，他依然坚持不懈地推进事业。

明确的目标能够为行动提供清晰的方向。在面对复杂和多变的环境时，拥有一个明确的终极目标可以帮助人们聚焦于核心任务，避免迷失在繁杂的日常事务中。通过"以终为始"，个人能够高效地规划和安排每一项行动，并保持长期目标的可持续发展。

要事第一：优先处理最重要的任务

第三个习惯是"要事第一"，即要学会区分重要和紧急的任务，并优先处理最能推动长期目标实现的事项。柯维提出，我们常常会被日常琐事和短期任务占据时间和精力，但这些任务往往并不具备长期价值。高效能人士能够把注意力集中在那些对目标和价值最有意义的任务上，避免被低效的事情分散精力。

蒂姆·库克，苹果公司的现任CEO，以其严格的时间管理和"要事第一"的习惯著称。库克每天都会安排充足的时间用于高效决策和战略思考，他通常避免在日常琐事上浪费时间，专注于能够推动公司长期增长的核心任务。这种做法帮助苹果在科技行业持续保持竞争优势。

"要事第一"要求我们有效地分配时间和资源，专注于那些能够带来最大回报的任务。通过优先处理重要而非紧急的任务，我们能够有效提升工作效能，避免陷入日常工作中的低价值活动。

双赢思维：寻找互利的解决方案

第四个习惯是"双赢思维"，即在与他人合作时，始终追求共赢的解决方案。柯维强调，人与人之间的合作不应仅仅是利益交换，更应该寻求共同利益的最大化。双赢思维倡导通过合作实现各方的共同利益，而不是零和游戏式的竞争。

星巴克与百事（PepsiCo）的合作便是一个双赢思维的成功案例。星巴克将其瓶装饮料的生产和分销交给百事，使其通过强大的分销网络将星巴克的饮料产品推向全球市场；同时，百事也通过这一合作获得了新的市场机会，并增强了其饮料业务的多样性。通过双赢的合作，两家公司都从中受益。

"双赢思维"能够帮助个人和组织建立长久且有效的合作关系。通过共同创造和分享价值，各方能够在合作中实现资源和利益的最大化。这种合作不仅能带来即时的收益，还能为未来的持续发展奠定基础。

知彼解己：有效沟通，建立信任

第五个习惯是"知彼解己"，即先理解他人，再寻求被理解。柯维指出，沟通不仅仅是传递信息，更重要的是理解对方的需求、情感和观点。只有在充分理解他人之后，才能更有效地表达自己的观点。通过积极倾听和真诚理解，我们能够建立更强的信任关系，并提高团队的协作效率。

奥普拉·温佛瑞的成功与她在访谈中所展现的"知彼解己"能力密切相关。奥普拉通过深入的提问和积极的倾听，使得她的访谈能够真正触及嘉宾的内心，和嘉宾产生情感共鸣。她不仅关心嘉宾的答案，更注重理解其背后的情感和动机，这使得她成为全球最受欢迎的电视主持人之一。

"知彼解己"不仅是个人沟通的技巧，也是建立有效人际关系的基础。通过积极倾听他人的观点，我们能够更准确地理解对方的需求和立场，从而建立更强的信任和合作关系。

统合综效：发挥团队的协同作用

第六个习惯是"统合综效"，即通过团队的协作力量，创造出单独个体无法实现的更大价值。柯维指出，个人的能力有限，但通过团队的协同作用，可以把每个人的优势结合起来，形成整体的效能。高效能人士懂得如何在团队中发挥集体智慧，借助不同的技能和视角创造更大的成果。

甲壳虫乐队（The Beatles）的音乐创作团队就是一个典型的"统合综效"的例子。虽然每个成员都有独特的音乐才华，但正是通过彼此的合作和不同风格的融合，才造就了世界上最具影响力的乐队之一。乐队的成员（包括约翰·列侬、保罗·麦卡特尼等）通过集体的创作与表演，展现了音乐的独特魅力。

"统合综效"强调通过团队合作，发挥各自的优势，创造出超出个人单独努力相加的成果。在工作中，我们应该注重团队成员的互补性，并通过有效的协作和资源共享，使团队的潜力和创造力实现最大化。

不断更新：追求持续的个人成长

第七个习惯是"不断更新"，即不断提升自身的身体、心智、情感和灵性，以确保持续的成长与提升。柯维认为，个人的成长是一个持续的过程，只有不断学习和自我提升，才能保持高效能和竞争力。

沃伦·巴菲特每天花大量时间阅读书籍和报告，他认为"阅读是自己的一项投资"。通过不断学习和更新知识，巴菲特能够洞察市场趋势，并做出更加明智的投资决策。即使已经是全球最富有的人之一，他依然保持着不断更新自己知识的习惯。

"不断更新"是个人持续成长和提高效能的核心。通过不断学习和自我反思，我们不仅能够适应变化的环境，还能长期保持高效能和竞争力。

42 《深度工作》（卡尔·纽波特）
——如何从"浅层工作"到"深度工作"？

《深度工作》是卡尔·纽波特（Cal Newport）的一本具有深刻影响力的著作，书中提出了"深度工作"（Deep Work）这一概念，并强调在当今信息爆炸和注意力分散的时代，专注和深度思考是获得职业成功和个人满足的关键。纽波特认为，在多任务处理、信息干扰和社交媒体占据生活的大背景下，能够进行深度工作的个人，将在工作中脱颖而出，成就非凡。纽波特通过大量的案例和实证研究，阐述了深度工作在职业生涯中的巨大作用，并提供了具体的策略，帮助读者培养专注的精神和深度工作的能力，从而取得无法忽视的成绩。

深度工作的重要性：在信息化时代脱颖而出

在《深度工作》中，纽波特明确指出，随着信息和社交媒体的普及，人们的注意力变得越来越分散。大多数人都沉浸在碎片化的工作和浅层次的任务中，导致工作效率低下、创造力枯竭，最终陷入"忙碌却无效"的状态。相反，能够进行深度工作的个人，专注于高价值的任务，避免低效的干扰，从而取得更高的工作成效和职业成就。

比尔·盖茨在其职业生涯早期便认识到了深度工作的重要性。为了在技术创新和产品开发上取得突破，盖茨每年都会安排一段时间，远离日常的工作干扰，专心思考和设计新的技术方向。这种深度思考和对工作的专注，使他能够在微软初期开发出许多创新的操作系统和软件，并迅速占领全球市场。

深度工作意味着集中精力在具有挑战性且富有创造性的任务上，通过消除干扰，充分发挥个人的专注力和创造力。

深度工作的四项规则：培养深度工作能力

纽波特提出了四项深度工作的规则，帮助个人从分散的工作模式转变为更加专注和高效的工作模式。这些规则分别是：

·工作要深入：远离干扰，刻意培养深度工作的习惯。创造一个有利于深度工作的环境，建立清晰的时间规划，减少分心，确保高效投入。

·拥抱无聊：适应无聊，避免用短暂的娱乐或信息来填补空白时间。训练大脑在没有刺激的情况下依然保持专注力，并减少对让人分心的事物（如社交媒体）的依赖。

·远离社交媒体：并非完全隔绝网络，而是对使用的工具进行严格筛选。只保留真正能为实现个人目标带来价值的工具，减少那些占用大量时间但收益有限的工具。

·减少浅层工作：识别并尽量减少浅层工作（如低价值的邮件处理、重复性任务等），腾出更多时间进行深度工作。为每一天分配好深度和浅层工作的比例，专注于高产出任务。

本书作者、畅销书作家卡尔·纽波特本身的成功实践也体现了这些规则。他在日常生活中严格遵守深度工作法则，减少不必要的社交和会议，将时间最大限度地投入到学术研究和写作中。通过深度工作，他不仅在学术界取得了显著成就，还在时间管理和生产力领域成为著名的作家和演讲者。

这四项规则为我们提供了具体的操作指南，使个人能够摆脱碎片化工作，真正集中精力从事具有创造性的任务。通过实践这些规则，任何人都能够提升工作效率，并在职场中脱颖而出。

浅层工作与深度工作的区别：深度工作让你变得不可忽视

浅层工作是那些需要低程度的思维和创意且能够被自动化的任务，如回复电子邮件、参加例行会议、处理行政事务等。这些任务虽然能够填满一天的工作时间，但对于个人的职业发展并没有实质性的推动作用。而深度工作是需要高强度思考和集中精力才能完成的任务，如创造新产品、解决复杂问题和撰写论文等。深度工作往往能够产生最具价值的成果，并使得个人在行业中脱颖而出。

J.K.罗琳在写《哈利·波特》系列小说时，每天都严格按照深度工作原则安排时间，避免任何形式的打扰。她专注于创作，投入大量的时间和精力在构建小说的世界和人物角色上。这种专注不仅让她创作出了一部文学巨作，也为她带来了全球的认可和财富。

深度工作能够为个人带来具有深远影响的成果。通过专注于高价值任务，个人能够有效提升工作质量，并在解决复杂问题的过程中脱颖而出。而浅层工作虽然是日常必需，但却消耗了大量时间，难以带来显著的职业成就。

打破习惯：避免陷入碎片化工作的陷阱

在《深度工作》中，纽波特强调，我们生活在一个信息泛滥、注意力分散的时代，碎片化工作成为了常态。许多职业人士每天都在处理大量的邮件、社交媒体和会议，导致无法专注于真正有价值的工作。因此，打破碎片化工作的习惯是迈向深度工作的第一步。

埃隆·马斯克以其对深度工作的执着著称。尽管他在多个行业中都有着繁忙的日程安排，但始终保持着高效的时间管理。他通过将每天的时间细分为分钟块（minute block），确保在繁忙的日程中能够预留足够的时间进行深度工作，专注于创新和技术开发。

避免碎片化工作并不是让工作变得更加辛苦，而是通过减少不必要的干扰，让时间更有价值，确保自己能够更好地投入到具有创造性和挑战性的任务中。个人通过培养高效的时间管理能力，避免碎片化工作，可以在事业上实现更高的突破。

培养深度工作的习惯：专注的力量

纽波特在书中指出，深度工作并非一蹴而就，而是需要通过持续的练习和意志力来培养。深度工作的习惯和专注力是可以通过有意识的训练来培养和提高的，例如通过"深度专注的练习"和"规律的休息"来逐步增强集中力和耐力。

> 悬疑小说家斯蒂芬·金是一位深度工作的典范。他每天都会坚持创作，并设定自己每天写作2000字的目标。他强调，保持专注和持续写作是他创作高质量作品的关键。斯蒂芬·金通过多年的写作练习，不仅提升了自己的创作速度，还保持了极高的作品质量。

通过培养深度工作的习惯，任何人都可以提升自己的专注力和工作效率。通过规律的时间安排和持续的努力，个人能够在工作中创造更多创新成果，并在职业生涯中不断取得突破。

减少低价值任务：让你的工作更有意义

许多人每天花费大量时间在低效和低价值的任务上，如无休止的会议、回复大量无关紧要的电子邮件或参与社交媒体互动。这些任务占用了大量精力，且对个人职业成长并没有实质性贡献。通过有意识地减少这些低价值任务，集中精力在核心工作上，个人不仅能提升效率，还能增强工作满意度。

　　蒂姆·费里斯（Tim Ferriss）在其畅销书《每周工作4小时》中提到，通过减少无意义的会议和低效的日常任务，自己能够将更多时间投入到具有创造性和高价值的工作中。费里斯通过"80/20法则"将工作时间和精力集中于那些能带来最大回报的项目上，不仅提高了个人效率，也创造了巨大的职业价值。

减少低价值任务不仅能释放时间，也能够提升工作质量。通过识别和避免无意义的日常活动，个人能够将注意力集中在最重要的任务上，从而在职业生涯中获得更大的成功和成就感。

43 《如何把产品做到最好》（斯科特·贝尔斯基）
——如何打造卓越且持久的创造力？

　　《如何把产品做到最好》是斯科特·贝尔斯基（Scott Belsky）所著的一本关于创作和执行的著作。作为一位投资者、企业家和创意领域的专家，贝尔斯基在书中深入探讨了"精进"的概念——通过持续的努力、适当的策略和自我超越，在日常工作和创作中实现真正的卓越。与传统的"天赋决定一切"不同，贝尔斯基强调，真正的成就并非偶然，而是源自持续的练习、进步和对细节的关注。贝尔斯基在这本书中分享了如何在创作过程中克服拖延、如何打破瓶颈并持续提高自我水平的方法。他通过自己和他人的经验，揭示了精进的心态和实践方法，帮助读者在工作、创作和生活中都能达到新的高度。

坚持和耐心：成功源于持续的努力

　　贝尔斯基强调，创作和成就的背后，最重要的并非一时的灵感或机遇，而是坚持和耐心。无论是艺术创作、科技创新，还是职业发展的各个方面，持续的努力和对细节的专注才是突破瓶颈、不断前进的关键。贝尔斯基认为，大多数人在面对困难时容易放弃，而成功的创作者能够在漫长的"精进"过程中保持耐心，不断打磨自己的技能，追求卓越。

　　文森特·梵·高（Vincent van Gogh）是艺术史上最著名的例子之一。他在生前并未得到广泛认可，甚至他的画作几乎没有卖出。然而，梵高在他的创作中始终保持着极大的热情和投入，经历了无数的失败与孤独。尽管如此，他并没有放弃，最终创作出了大量传世之作，如《星空》和《向日葵》

等，后世才发现他的艺术革命性。

创作和职业发展的成功往往需要跨越许多艰难的阶段，最重要的是保持持续的努力和对失败的容忍。通过不断打磨技能、改进工作和应对挑战，最终的成功将是对坚持和耐心的最好回报。

从"做"到"精"：如何持续改进和优化

贝尔斯基提出，要达到卓越，创作者不仅要做到"做"，而且要做到"精"。这意味着，单纯完成任务是不够的，重要的是要通过持续改进自己的方法、技能和思维，提升作品的质量和效果。在创作过程中，精进并不是一蹴而就的，而是一个不断反馈和反思的过程。

Pixar（皮克斯）电影公司是精进过程的典范。从早期的《玩具总动员》到后来的《头脑特工队》和《海底总动员》，Pixar始终保持对创作过程的不断反思和改进。公司在每一个项目中都设置了不断修正的反馈循环，电影剧本在制作过程中经过多次的调整和修改。Pixar团队强调每个细节的打磨，通过这种精益求精的态度，创造出了一部又一部高质量的动画电影。

精进的核心在于持续改进，而非停留在完成的层面。创作者需要不断反思自己作品中的不足，并通过系统性地调整、优化，确保自己的技能和创作质量不断提升。这种不断进化的过程是实现卓越的基础。

创造与自我约束：创意与执行的平衡

创作不仅需要创意，更需要自我约束。很多创作者在初期充满激情，然而在执行过程中，可能会因为缺乏结构和约束，导致创作进程的拖延和停滞。贝尔斯基提倡通过自我约束和计划来确保创意得到有效执行。合理的时间管理和任务拆解能够帮助创作者保持高效，避免陷入无意义的忙碌和拖延。

大卫·林奇，著名的导演和编剧，以其对创作的高度自我约束而著称。在拍摄电影《穆赫兰道》时，林奇坚持自己的创作理念，同时严格规定自己的工作日程。他要求自己每天只集中精力在电影创作的具体环节上，避免陷入琐事。这种自我约束帮助他保持创作的连贯性和质量，使《穆赫兰道》成为一部艺术成就显著的经典之作。

创作的过程既需要灵感的激发，也需要执行力的保障。通过设定明确的工作计划和时间限制，创作者能够更好地平衡创意的自由与工作的约束，从而保持高效并完成卓越的作品。

失败与反思：从错误中汲取成长的经验

贝尔斯基指出，在创作和职业发展的道路上，失败是不可避免的。然而，成功的创作者不仅不会逃避失败，还会从中吸取经验，进行深刻的反思，并加以改进。他提倡将每一次失败都视为一个宝贵的学习机会，通过自我反省不断进步。

迈克尔·乔丹，篮球历史上最伟大的球员之一，也曾经历过巨大的失败和挫折。早年他被高中篮球队拒绝，但他并没有因此放弃，而是通过无数次的训练和自我反思，最终成为NBA的传奇人物。乔丹将失败视为成功的垫脚石，每次挫折都使他变得更加坚强并推动他成为更好的球员。

失败和错误是成长的一部分。在创作过程中，重要的是如何应对失败，并从中汲取经验教训。通过持续的反思和调整，创作者能够不断提升自我，创造更高的成就。

设定目标与反馈：追求高效的自我管理

创作者需要为自己设定明确的目标，并通过定期的反馈来调整进度。通过设定具体可衡量的目标，创作者能够清晰了解自己的进展，并在必要时进行调整。自我反馈的过程可以帮助创作者发现改进的空间，并不断提升自我执行力。

杰瑞·宋飞在创作《宋飞传》（Seinfeld）时有一个著名的"日历法"。他每天都会在日历上打钩，标记自己是否写了新一集的剧本。通过这个简单的反馈机制，宋飞每天保持创作动力，并不断推进自己的工作。这个方法也帮助他成功创作出全球最受欢迎的情景喜剧之一。

通过设定具体目标并定期反馈，创作者能够保持对目标的清晰认知，并不断调整自己的工作方法。目标和反馈的结合可以帮助创作者高效执行任务，确保每个阶段的创作都能顺利进行。

44 《掌控习惯》（詹姆斯·克利尔）
——如何用小习惯成就大改变？

　　《掌控习惯》是詹姆斯·克利尔（James Clear）所著的一本关于行为改变和习惯养成的经典著作，提出了"小习惯成就大改变"的理念，强调通过日积月累的小习惯，最终实现巨大的个人和职业成长。克利尔认为，成功并非依赖于重大转变，而是由日常的小选择和小习惯堆积而成。通过系统化的方法，任何人都可以培养出好的习惯，并摆脱那些阻碍成功的不良习惯。在书中，克利尔总结了如何识别、建立和维持好习惯的具体策略，提出了"习惯循环"的核心框架，即提示（Cue）、渴望（Craving）、反应（Response）、奖励（Reward），并展示了如何利用这些环节来塑造积极行为。

习惯的积累效应：微小改变带来巨大成功

　　克利尔指出，习惯的积累效应会在长时间内产生惊人的变化。虽然每一个微小的改变看似不起眼，但随着时间的推移，它们会对个人的生活、事业甚至健康产生巨大的影响。克利尔强调，与其追求快速成功，不如专注于每天改善1%，最终的复利效应将带来质的飞跃。

　　英国天空车队（Team Sky，现改名为INEOS Grenadiers）在国际赛事中一直表现平平，长期无法取得任何显著成绩。然而，教练戴夫·布雷斯福德（Dave Brailsford）引入了"边际改善"的理念，即在各个小环节上改进1%，如优化车座设计、改善运动员饮食和睡眠质量，甚至调整穿骑服的方法。通过这些微小的改进，英国天空车队在几年内取得了突破，赢得了多枚奥运金牌和环法自行车赛冠军，成为全球顶尖的自行车队。

小改变带来的复利效应不仅适用于体育竞技，也适用于工作和生活中的方方面面。通过关注微小改变并持续坚持，个体可以在长期实践中获得巨大的提升和突破。

习惯循环：如何识别和调整习惯模式

克利尔提出，"习惯循环"是每个习惯的核心构成，包含四个关键环节：提示、渴望、反应和奖励。通过识别这些环节，个体可以更好地理解自己的习惯形成机制，并针对不良习惯做出调整，从而培养出新的积极习惯。

Netflix通过利用"习惯循环"来吸引用户，并使他们形成连续观看的习惯。平台会根据用户的观看记录推送个性化推荐（提示），激发用户的兴趣（渴望），用户点开观看（反应），并在获得愉快体验后得到满足（奖励）。通过不断优化这一循环，Netflix极大地提高了用户黏性，创造了令人沉迷的观看体验。

理解"习惯循环"有助于打破坏习惯并建立更健康的行为模式。通过调整每个环节，个体可以逐步改进自己的行为，实现更积极的变化。例如，改变提示和奖励机制，是塑造新习惯的有效方式。

习惯堆叠法：将新习惯融入已有习惯

在《掌控习惯》一书中，克利尔提出了"习惯堆叠法"（Habit Stacking）这一强有力的工具，帮助人们在已有习惯的基础上增加新习惯。通过将新习惯与现有习惯关联，个体可以更容易地建立和巩固新的行为模式。例如，每当完成一项已有的习惯，就立刻开始培养下一个新习惯，从而建立顺畅的习惯链。

通用汽车（General Motors）的CEO玛丽·博拉（Mary Barra）以其高效管理和精准决策能力而闻名。她将"习惯堆叠法"运用到日常管理中，通过将关键业务审查会议与技术创新讨论相结合，确保能够在同一时间内高效处理多项核心事务。这种方法帮助她在推动通用汽车的电动汽车战略转型中保持快速反应，同时提升了整体团队的协作效率。

习惯堆叠是一种简单却非常有效的习惯养成策略。通过将新习惯与已有习惯相结合，我们能够缩短学习曲线，让新习惯更容易融入日常生活。

环境影响：打造有利于培养好习惯的空间

克利尔强调，环境对习惯的影响至关重要。改变环境，优化工作和生活空间，可以有效减少干扰并强化好的习惯。通过有意识地设计环境，个体能够更轻松地触发积极行为，同时抑制不良习惯。

居家健身品牌Peloton通过打造高度沉浸式的居家健身体验，帮助用户更轻松地将运动融入日常生活。Peloton不仅提供优质的健身器材，还通过在线直播课程和社区互动激发用户参与感，让他们在家就能享受到健身房的氛围。这种环境设计让更多人养成了规律运动的好习惯。

环境可以影响习惯的成败。通过调整身边的环境，我们可以更容易培养想要的习惯。例如，想养成健康饮食习惯的人，可以在冰箱中摆放更多健康的食物，同时减少垃圾食品的数量，从而自然而然地做出更健康的选择。

身份认同：从内在转变，巩固习惯

克利尔认为，真正的习惯改变来自身份认同的转变。与其专注于外部目标（如减肥10公斤），不如将注意力转向内在身份（如"我是一个健康生活的人"）。当习惯与身份相符时，改变会变得更加自然和持久。

Nike Run Club（Nike推出的一个具有跑步辅助与社区互动功能的应用程序）通过鼓励用户将跑步作为个人身份的一部分，成功帮助许多用户养成了长期跑步的习惯。平台不仅记录用户的跑步数据，还通过徽章和成就系统强化用户的身份认同，让他们自我认定为"跑步爱好者"。这种身份认同的建立，极大地提高了用户的长期参与度。

从身份出发来培养习惯是一种强大的策略。当我们将新行为内化为自我身份的一部分时，习惯就不再是一个外部要求，而是自然而然的生活方式。这种深层次的转变帮助我们实现更持久的改变。

45 《全力以赴》（吉姆·洛尔、托尼·施瓦茨）
——如何用"能量管理"提升工作效能？

《全力以赴》由吉姆·洛尔（Jim Loehr）和托尼·施瓦茨（Tony Schwartz）共同撰写，是一本关于高效能表现的经典著作。本书颠覆了传统的时间管理观念，提出了"能量管理"这一核心理念。作者认为，成功的关键在于如何管理和优化自己的身体、情感、思维和精神能量，而非仅仅通过延长工作时间来提高效率。书中通过大量的案例分析和科学研究，向读者展示了如何通过调整生活方式、培养健康习惯、优化情绪管理等手段，激发最大化的个人潜能。无论是个人还是团队，都可以通过"全力以赴"的方法提升表现，并实现可持续的高效能。

能量管理的四大维度：身体能量、情感能量、思维能量和精神能量

书中提出了能量管理的四个核心维度：身体能量、情感能量、思维能量和精神能量。高效能表现的关键在于平衡并优化这四种能量，而不是单纯依赖某一方面。

　　某位企业高管每天都被繁重的工作压得喘不过气来。他尝试调整自己的作息时间，每天早晨进行30分钟的高强度锻炼来激发身体能量，之后用10分钟进行冥想以稳定情绪。他还通过清晨的阅读训练思维，最后在一天开始时列出自己最重要的目标以明确精神方向。这一系列调整帮助他从疲惫不堪转变为充满活力的状态，并显著提升了工作效率。

能量管理的核心在于全面提升自我，每一种能量都有不同的提升方式：

· 身体能量需要通过健康的饮食和规律的运动来补充。

· 情感能量需要通过积极的人际关系和情绪调节来优化。

· 思维能量可以通过学习新技能和专注训练来增强。

· 精神能量的提升则源于明确的目标感和使命感。

这四种能量的共同作用，能够帮助个人实现全方位的高效能。

间歇性恢复：高效工作的秘密武器

洛尔和施瓦茨提出，人类的身体和心理能量并不是无限的，持续的高强度工作只会导致效率下降甚至耗竭。通过间歇性休息和恢复，人们可以重新激活能量，从而在工作中保持高效。

一位软件工程师发现自己在长时间编程时效率逐渐下降。他采用了"番茄工作法"：每工作25分钟就休息5分钟，经过4次循环后，进行一次时长为15分钟的较长休息。这种工作模式让他能够在保持专注的同时，避免能量的过度消耗。最终，他的编程效率和代码质量都得到了明显提升。

间歇性恢复是高效能表现的重要基础。通过在工作中主动设置恢复期，人们可以更好地管理能量，从而避免因过度劳累而导致的效率下降。短暂的恢复不仅能缓解压力，还能增强专注力和创造力。

正面情绪的力量：提升能量的关键因素

情感能量是高效表现的重要组成部分。作者强调，积极情绪（如感激、热情、满足）能够显著增强能量，而负面情绪（如愤怒、焦虑、沮丧）会消耗能量。通过培养积极情绪，人们可以在工作和生活中保持更高的能量水平。

某公司的一位销售经理在团队例会上引入了一项"感恩分享"活动，鼓励每位员工分享一件让自己感到感激的事情。这项简单的活动不仅调节了团队的情绪，也改善了内部沟通和协作。经理发现，在这种积极氛围中，团队的业绩显著提高。

正面情绪能够帮助人们更好地应对压力，同时提升工作效率和促进团队合作。通过刻意培养积极情绪，比如每天记录感恩日记或与同事分享成功故事，人们可以为自己创造一个充满活力和动力的工作环境。

精神目标的驱动力：从内心找到力量

精神能量来自个人的使命感和目标感。作者指出，明确的精神目标能够为个人提供强大的内在驱动力，帮助他们在面临挑战时坚持不懈，并从工作中获得更多的意义感和满足感。

一位年轻的医生在繁忙的工作中感到迷失和疲惫。他开始反思自己的职业选择，重新定义了自己的目标——帮助社区中更多弱势群体获得医疗服务。通过将日常工作与这一使命感联系起来，他重新找回了工作的动力，并对职业生涯充满热情。

精神目标是高效能表现的"燃料"。当人们的日常工作与内在价值观相吻合时，他们能够更好地应对压力和挑战。领导者和组织也应帮助员工提升个人使命感，将个体目标与公司目标相结合，从而增强团队的凝聚力和执行力。

打造能量仪式：日常习惯成就高效表现

书中还强调，通过建立固定的"能量仪式"，人们可以将能量管理融入日常生活中。这些仪式可以是晨间冥想、工作前的深呼吸练习，或是每天设定明确目标等。这些小习惯能够帮助人们保持能量的稳定性，并逐渐形成更高效的行为模式。

一位设计师每天早晨开始工作前都会花10分钟写下当天的3个优先事项，并进行一段3分钟的深呼吸练习。这一习惯帮助他快速进入状态，并在工作中保持专注。他发现，这种"能量仪式"不仅让他更高效地完成工作，也让他在繁忙的日程中感到更加平静和从容。

"能量仪式"是一种强化自我管理的工具，通过重复性的小行为，人们可以有效地调整身心状态，增强对外界压力的适应能力。这些习惯看似简单，但能够为个人表现带来长期的积极影响。

46 《搞定：无压工作的艺术》（戴维·艾伦）
——如何更科学地掌控你的时间？

《搞定：无压工作的艺术》是戴维·艾伦（David Allen）创作的一本经典著作，书中提出了"Getting Things Done"（简称GTD，事情完成法）这一时间管理方法论，旨在帮助人们应对繁忙的工作和生活，提升效率，减轻压力。GTD不仅仅是一个简单的任务清单管理工具，它是一种基于清晰思维和系统化管理的工作方法，能够帮助个人在工作和生活中有效地组织时间和精力，专注于真正重要的任务。艾伦通过对"清空头脑"方法的使用、任务的整理、优先级的设定以及高效工作环境的构建等方面的阐述，让读者学会如何以更清晰、简洁的方式处理工作中的事务，从而提高生产力，减少压力。

清空大脑：将任务和想法外化

GTD的第一个核心原则是"清空大脑"。艾伦认为，大脑并不是存储待办事项的理想场所，长期将任务和想法积压在脑海里，容易造成焦虑和精神负担。通过将所有任务和想法写下来并记录在外部系统（如任务清单、笔记本、电子设备等）中，我们能够减轻大脑的负担，专注于当前需要完成的事情。

奥巴马在担任美国总统期间，经常利用笔记本记录每日的任务和待办事项。这不仅帮助他清理了思维，减少了焦虑，还能够确保他在复杂的工作日程中保持专注。他的团队也将GTD的原则应用到日常工作中，使得整个政府运作更高效。

清空大脑有助于减少认知负担，使得个人能够专注于手头的任务。通过外化思考和管理，我们能更有效地理清思路，避免被杂乱无章的事务所干扰，进而提高工作和生活的质量。

收集和整理：建立清晰的任务系统

GTD的第二个核心原则是收集和整理。在将任务外化后，艾伦建议我们要定期整理所有收集到的事项，并进行分类和优先级排序。通过建立一个清晰、系统的任务管理系统（如任务清单、项目列表、日程安排等），我们能够确保每个任务都有明确的执行步骤，避免任务堆积和遗漏。

日本丰田的生产管理流程就运用了类似的整理和系统化思维。丰田的精益生产（Lean Manufacturing）体系强调每一项任务和流程的标准化和可追溯性，通过持续的整理和优化流程，丰田能够保持高效的生产效率并减少浪费。这种系统化的方法让丰田能够持续创新，并成为全球领先的汽车制造商。

整理是时间管理中不可忽视的一步，帮助我们理清任务的优先级和复杂性。通过建立高效的任务管理系统，企业和个人能够确保每个工作事项都有清晰的执行路径，避免资源浪费并提高整体效率。

优先级设定：专注于最重要的任务

第三个核心原则是设定优先级，并专注于最重要的任务。艾伦强调，在面对繁多的任务时，区分"重要"与"紧急"任务至关重要。通过区分任务的紧急性和重要性，个人可以更加高效地安排时间，确保高价值任务得到优先处理，而不是被琐事和紧急任务所拖累。

比尔·盖茨在他的职业生涯中非常注重任务的优先级设定。尽管每天有成千上万的事项需要处理，盖茨始终专注于推动微软的技术创新和市场拓展。通过合理安排时间，他确保了最重要的工作能得到优先处理，最终帮助微软成为全球领先的科技公司。

区分"紧急"与"重要"任务是提高生产力的关键。紧急的任务往往具有短期的紧迫感，但未必能够对长期目标产生深远影响；而重要任务能够帮助我们实现长期的目标和战略。通过集中精力处理重要任务，我们可以高效地推进工作，取得更大的成就。

下一步行动：明确行动细节

GTD的另一个重要概念是"下一步行动"，即明确每一项任务的具体操作步骤。艾伦认为，许多人在计划任务时往往过于抽象，导致无法有效开始或执行。为了避免拖延，GTD鼓励个人在任务清单中详细列出每个任务的"下一步行动"，确保每一项工作都能从具体行动开始，个人能清楚知道每项工作如何进行。

史蒂夫·乔布斯在设计和开发Apple产品时，对产品的每一个细节都提出具体的要求，无论是触摸屏的灵敏度，还是硬件和软件的整合，每个环节都有明确的"下一步行动"。这种关注细节并确保行动精确执行的行为，使得苹果的每一款产品都获得了巨大的市场成功。

将任务细化为明确的行动步骤可以有效避免拖延，并确保工作得到快速落实。通过把任务分解为小的、可执行的步骤，个人能够保持高效的执行力，确保每个任务都按计划推进。

定期回顾：保持任务管理的持续性

GTD强调定期回顾是时间管理的重要环节。艾伦建议，每周都要进行一次任务清单的回顾，检查并整理所有待办事项和进展，确保没有遗漏任何重要任务。通过定期回顾，个人能够重新评估优先级，调整工作计划，并保持任务管理的持续性。

　　杰夫·贝佐斯在亚马逊的运营中强调定期的回顾和反思。每年年初，贝佐斯都会与团队一起回顾过去一年的成就与不足，讨论未来的战略方向，并及时调整计划。通过这种定期回顾，亚马逊能够持续保持其创新力和市场领先地位。

定期回顾能帮助我们检查进度，及时发现潜在问题，并根据实际情况调整策略。通过持续地回顾和优化，企业和个人能够确保工作的方向始终与目标一致，并且能够不断提高效率和执行力。

减少干扰：营造高效的工作环境

在《搞定：无压工作的艺术》中，艾伦提到，减少干扰和优化工作环境是提高效率的重要因素。无论是在办公室、家里，还是在虚拟工作环境中，干扰都会显著降低个人的工作效率。高效能人士需要通过优化工作空间，避免不必要的干扰，保持高度的专注力。

　　马克·扎克伯格的工作环境设计就体现了这一原则。扎克伯格的办公室通常简洁而高效，设计师专门根据他的需求设置了一个高效、无干扰的工作空间，确保他能够专注于决策和创意。减少干扰使得他能够在处理复杂的业务时保持高度的专注。

优化工作环境能够显著提升专注力和效率。通过减少外部干扰，确保工作空间的舒适与整洁，个人能够更专注于高效任务的完成，从而提升整体工作表现。

47 《精要主义》（格雷格·麦吉沃恩）
——聚焦关键，追求真正重要的成果

《精要主义》是格雷格·麦吉沃恩（Greg McKeown）所著的一本关于极简主义工作法和高效决策的著作。麦吉沃恩在书中提出了"极简主义思维"（Essentialism）这一概念，强调在繁杂的任务和不断增加的工作压力中，个人和组织需要专注于最重要的事，剔除一切不必要的干扰和无关的工作，最大化地提升效率和成效。与传统的时间管理和任务清单不同，极简主义思维并不是追求做更多的事，而是追求做对的事。

专注于最重要的任务：去掉一切无关的事

麦吉沃恩认为，成功的关键在于专注于最重要的任务，而不是试图做更多的事。极简主义思维的核心是明确"什么是最重要的事"，并且聚焦在这件事上，其他的事情一概忽略。通过专注于关键任务，我们能够更高效地达成目标，创造真正的成果。

沃伦·巴菲特曾经和他的合伙人查理·芒格分享过一个经典的成功秘诀，告诉他要坚持做那些对自己最重要的、最能带来成功的几件事。巴菲特自己通过筛选投资项目，集中精力投入到最有潜力的少数投资中，从而获得了巨大的回报。通过专注于少数高回报的机会，巴菲特成为全球最成功的投资者之一。

专注于最重要的任务并非容易之事。在面对日常工作中的众多选择时，我们

常常会受到外部干扰，被分散精力。通过明确自己的核心目标，并在每天的工作中聚焦于此，我们可以避免被琐事拖累，实现工作效率的最大化。

说"不"：勇于拒绝不重要的事

麦吉沃恩强调，学会说"不"是极简主义思维中至关重要的一部分。很多人都因为无法拒绝他人的请求，导致自己的时间和精力被无关紧要的事占据。只有学会拒绝不符合目标和价值的任务，才能确保我们有足够的资源和精力去专注于最重要的工作。

> 乔布斯在管理苹果公司时，坚持对自己和团队实行"说不"原则。他强调"要专注于最重要的事情"，并且坚决拒绝那些不能推动公司达成核心目标的任务或项目。例如，在重新回到苹果公司后，他进行了大规模的产品线精简，拒绝了许多其他可能的业务方向，专注于开发几款革命性的产品，如iPod、iPhone和iPad。通过这种精简和聚焦，苹果公司能够在全球市场上保持强大的竞争力。

学会拒绝对于实现极简主义至关重要。我们常常面临大量的任务和请求，很多时候它们并不符合我们的核心目标，甚至可能造成时间和精力的浪费。通过学会有效拒绝和优先选择，我们能够腾出更多的资源来专注于最有意义的工作。

精简工作流程：去除繁杂，优化执行

在《精要主义》一书中，麦吉沃恩还提到，精简工作流程是提高效率和效果的另一个重要策略。通过减少不必要的环节和步骤，优化工作流程，我们能够更高效地达成目标。在执行任务时，我们应当追求简化和高效，而不是一味增加复杂度。

IKEA的家居产品不仅在设计上注重简洁实用，在生产和销售流程上也进行了大量的优化。IKEA通过扁平化的供应链和自助式购物方式，减少了中间环节，使顾客能够以更低的价格购买到设计优良的家具产品。同时，IKEA的"自提"方式和自组装产品，也大大简化了操作流程，提升了客户的购物体验。

优化工作流程不仅仅是时间管理的一部分，它还关系到企业或个人的资源配置和执行力。通过不断简化工作步骤和减少中间环节，我们能够加速工作进度，减少浪费，最终提高成果的质量。

极简主义的生活方式：从容应对生活挑战

极简主义不仅适用于工作，还应该应用到个人生活的各个方面。通过简化日常生活中的选择和决策，减少不必要的物品和活动，个人可以获得更多的时间和精力，去追求真正重要的事。通过减少生活中的杂乱和干扰，极简主义能够帮助我们更从容地应对生活的挑战。

山下英子（Hideko Yamashita）的整理方法就是极简主义在个人生活中的应用。她通过"断舍离"的原则，帮助人们整理家居环境，去除不再需要的物品。山下英子认为，保持清晰简洁的生活环境能够帮助人们更好地专注于自己真正的目标和追求。通过她的整理方法，许多人重新获得了精神上的自由，改善了生活质量。

简化生活可以减少心理负担，使得个人能够更专注于重要的目标和任务。通过减少外部的干扰和内心的焦虑，我们能够更从容地面对工作、学习和生活中的各类挑战。

极简主义与长远成功：长期聚焦，创造更大价值

麦吉沃恩在书中指出，极简主义的真正意义不在于短期任务的完成，而是在于长期的聚焦和持续的努力。通过坚持对最重要事情的专注，我们不仅能够取得短期的成果，还能在长期聚焦中创造更大的价值。极简主义思维帮助我们集中资源，不断追求卓越，最终实现人生和事业的深远成功。

马克·扎克伯格始终坚持"专注和长期"的理念。在Facebook的发展过程中，他始终将重点放在社交网络的核心功能上，而不是过度扩展到其他领域。Facebook的成功正是建立在长期专注的基础上，经过多年的发展，它成了全球最具影响力的社交平台之一。

通过长期的专注与投入，我们能够在自己的领域中精耕细作，创造出真正持久的影响力。极简主义不仅帮助我们在日常生活中节省时间，更能让我们在职业生涯和个人目标上实现深远的成功。

48 《没有借口》（布赖恩·特雷西）
——如何打造强大的自控力？

　　《没有借口》是布赖恩·特雷西（Brian Tracy）所著的一本关于个人发展和高效能的经典著作。特雷西在书中探讨了自控力在个人成功中的重要性，并通过科学原理和实际案例，向读者展示了如何通过培养自控力，控制冲动、打破不良习惯，从而提高生产力、实现长期目标并达到人生的各项成就。在这本书中，特雷西提出，自控力不仅仅是控制饮食或避免拖延，它是管理自己的情绪、行为和思想的能力。自控力的强弱直接决定了一个人在工作、学习、生活等各个方面的表现，而通过增强自控力，个人可以更有效地管理自己的时间、精力和资源，从而实现更加有目的和有规划的生活。

自控力的定义与重要性

　　特雷西在书中首先定义了自控力，并强调了它在日常生活中的重要性。自控力不仅仅是对诱惑的抵抗，更是对长期目标的专注，能够帮助我们在面对即时诱惑时，保持对未来更大目标的承诺。特雷西指出，自控力是所有成功人士共同的特点，无论是职业成就、身体健康还是人际关系，都离不开强大的自控力。

　　迈克尔·菲尔普斯，世界著名游泳运动员，以获得超过20枚奥运金牌而闻名。菲尔普斯成功的背后，正是他卓越的自控力。在训练和比赛前，菲尔普斯在饮食、作息和心理准备上都保持高度的自律。他严格执行教练的训练计划，并在比赛期间全力以赴，牺牲了许多个人享受。正是这些坚持和自控，成就了他在世界游泳历史上的地位。

自控力的核心不仅在于控制冲动，更在于坚持长期目标。培养自控力意味着要学会控制自己的行为和思维，推迟即时享乐，专注于更长远的目标。这需要不断的练习和意识培养，最终能够帮助我们在工作、健康、人际关系等方面取得更大的成就。

情绪管理：掌控内心，避免情绪化决策

特雷西指出，自控力不仅仅是控制身体上的欲望，更多的是控制我们的情绪和冲动。在很多情况下，我们往往因为情绪波动而做出不理性的决策，特别是在有压力或愤怒时。学习如何管理情绪，避免情绪化决策，是提升自控力的关键一环。

露丝·巴德·金斯伯格（Ruth Bader Ginsburg），美国最高法院法官，以其冷静、理性的判断和情绪管理能力广受推崇。在法庭上，金斯伯格经常面临各种复杂的案件和压力巨大的情况，但她始终保持冷静，并依照法律原则做出公正决策。尤其在处理涉及社会、性别平等的敏感案件时，金斯伯格能够克服个人情感的干扰，专注于法律的原则和公正，而这一点也使她成了美国历史上最具影响力的法官之一。

情绪管理是自控力的核心组成部分。通过掌控情绪，我们能够避免因冲动或愤怒而做出错误决策。在日常生活中，遇到压力或挑战时，学会深呼吸、冷静分析，能够有效减少情绪带来的负面影响，从而做出更加理性和明智的决策。

拖延症的克服：如何开始行动并坚持下去

拖延症是许多人面临的共同问题，特雷西指出，拖延往往是因为缺乏自控力和目标驱动而导致的。人们往往因感到任务庞大、无聊或无法立刻看到结果而产生逃避心理。克服拖延症，必须从着手处理、分解任务以及培养专注力做起。

223

蒂姆·费里斯（Tim Ferriss），《每周工作4小时》的作者，曾在书中提到如何战胜拖延症。费里斯提出，通过将大的任务分解为小的、可管理的部分，可以减少开始工作的心理压力。例如，如果你要写一本书，可以先设置每天写500字的目标，而不是直接想到"写完整本书"。这种方法不仅减少了拖延，也帮助他完成了多本畅销书。

克服拖延症的关键是将大任务细分为小步骤，并立刻行动。每当我们开始着手完成一个小任务时，成就感和进步会激励我们继续前进。通过积小胜为大胜，逐渐克服拖延症，我们能够高效地推进工作，达到长期的目标。

目标设定与执行：通过目标实现自控

特雷西强调，设定清晰的目标并将其具体化是增强自控力的有效方式。目标不仅要清晰、具体，还要具备可执行性和衡量标准。将大目标拆解为小步骤，并为每个步骤设定明确的截止日期和行动计划，有助于激发动力和保持执行力。

维珍集团创始人理查德·布兰森，以敢于冒险和创新的精神著称。在他多个成功的商业项目中，布兰森总是为自己设定非常具体的目标，并为每个目标分配足够的时间和资源。例如，他设定了要让维珍航空成为世界上最具创新性的航空公司，并通过优化服务、技术和用户体验，不断推动公司向前发展。

明确的目标设定是增强自控力的核心。通过设定具体的目标，将大目标拆解为小步骤，并保持高效执行，我们能够确保自己在追求目标的过程中不被外界干扰或拖延。每一个小目标的达成都能激励我们进一步向前迈进。

习惯的力量：通过养成好习惯来提升自控力

良好的习惯是自控力的自然延伸。通过持续养成积极的习惯，个人可以将许多行为自动化，减少决策疲劳，并且提高执行力。自控力并不是一次性的努力，而是通过长期的习惯养成和不断强化来实现的。

"巨石"强森（"The Rock"Dwayne Johnson）不仅是一位著名演员，还是一位成功的企业家和健身爱好者。强森以每天早晨4点起床进行严格的训练而闻名。他通过长期坚持早起、锻炼和严格的饮食计划，培养了强大的自控力和高效的工作习惯，这使得他在多个领域都取得了显著的成功。他的自律和习惯也激励了无数人去改善自己的生活方式和工作态度。

通过养成良好的习惯，我们能够减少决策过程中的认知负担，并将积极的行为转化为自动化的日常动作。自控力并非只依赖短期的努力，而是通过长期坚持，最终使得良好行为成为自然而然的习惯。

环境的控制：创造有利于自控的环境

特雷西提到，环境对自控力有着至关重要的影响。为了提高自控力，我们应当创造一个有利的工作和生活环境，减少诱惑和干扰。通过优化环境，个人可以减少外界的诱惑，集中精力完成最重要的任务。

詹姆斯•克利尔（James Clear），《原子习惯》一书的作者，强调通过改变环境来增强自控力。克利尔提到，如果你想戒掉糖果，最简单的方法之一就是把家里的糖果都移走，这样你就避免了被诱惑。通过调整环境，将自己暴露于更有利的情境中，我们能够更轻松地控制自己的行为。

通过优化自己的环境，避免不必要的干扰和诱惑，我们可以为自控力的发挥提供更好的支持。环境不仅仅是物理空间的安排，也包括社交圈、工作方式等方面的调整。通过有意识地调整环境，我们能够保持专注，提升执行力。

49 《心流》(米哈里·契克森米哈赖)
——如何提升创造力和工作成效?

《心流》是米哈里·契克森米哈赖(Mihaly Csikszentmihalyi)所著的一本心理学经典著作,书中深入探讨了"心流"(Flow)这一概念,及其对个人幸福、创造力和成就感的巨大影响。契克森米哈赖通过多年的研究,揭示了当人们处于"心流"状态时,他们能够最大化地发挥自己的潜力,体验到前所未有的专注、满足和成就感。心流是一种完全沉浸在某项活动中的状态,在这个过程中,个体全身心投入到任务中,忘却了时间和环境,只有任务本身存在。在这一状态下,个体能够以极高的效率和创造力完成任务,无论是工作、艺术创作、运动,还是任何需要高度专注的活动,都有可能触发心流体验。

心流的定义与特点: 完全沉浸的状态

心流是指人在从事某项活动时,完全沉浸其中,达到身心高度一致的状态。在心流中,个体没有任何分心或受到任何干扰,任务本身成为焦点,个体体验到极高的专注力、动力和满足感。契克森米哈赖描述了心流的五个关键特点:清晰的目标、立即的反馈、挑战与技能的平衡、全身心的投入,以及失去时间的感知。

乔治·卢卡斯,《星球大战》的导演,在创作这些电影时常常体验到心流。他全身心投入电影世界的构建和剧情创作中,细节和情节成了唯一的焦点。即使经历数小时的工作,卢卡斯也常常发现自己并未感到疲惫,而是充满了动力和创作灵感。正是通过这种心流的体验,卢卡斯创造出了影响深远的影视作品，并成为全球知名的导演。

心流状态能够极大提升工作效率和创造力。通过了解心流的特点，个体可以在日常生活和工作中找到更多沉浸其中的机会，并通过全身心投入，提高自己的工作质量，获得创造性成果。

挑战与技能平衡：心流的关键条件

契克森米哈赖强调，心流状态的核心是挑战与个人技能的平衡。如果一项任务太简单，个体会感到无聊；如果任务太复杂，个体则会感到焦虑。心流的体验发生在挑战与技能处于适当平衡的状态下。在这种状态下，个体能够感受到掌控感，同时也能从任务的挑战中获得满足感。

J.K.罗琳在创作《哈利·波特》时常常进入心流状态。这使得她在写作时能够很好地平衡小说中的情节复杂性与自己写作的能力。尽管《哈利·波特》系列包含了大量的细节和复杂的情节，但罗琳凭借对故事和人物的深入理解，使得这些任务始终保持挑战性，并且能够完成这些复杂的创作。她的写作不仅是技能的展示，也充满了挑战和创新。

为了体验心流，我们需要通过设定具有挑战性的目标，调动自己的能力来完成这些目标。而这种平衡感会激发我们的创造力和专注力，推动我们在工作和生活中不断进步。

反馈的重要性：提升表现和持续进步

在心流体验中，反馈是至关重要的一个因素。即时反馈能够帮助个体了解自己在任务中的表现，并及时调整策略。无论是在艺术创作、运动，还是工作中，即时的反馈都能够激发个体的动力，帮助其保持专注，并持续提升其表现。

泰格·伍兹（Tiger Woods），著名高尔夫球手，常常提到反馈对他比赛表现的重要性。在比赛过程中，他通过教练的指导和自己的内在反馈机制来调整每一杆的挥动姿势和力度。通过这种即时的反馈，伍兹能够不断优化自己的表现，保持高水平的竞技状态。他的心流体验和高效反馈机制使他成了高尔夫史上的传奇人物。

反馈能够帮助我们更清晰地了解自己的表现，并激励我们在挑战中不断进步。在心流状态下，反馈不仅帮助个体调整自己的行动，还能够增加个体对任务的兴趣和投入度，从而提高整体的工作效率和成果。

心流与创造力：在工作中实现创新

心流不仅是一种高效的工作状态，也能极大激发创造力。研究表明，处于心流状态时，个体能够产生更多的新想法、解决问题的创新方案，以及突破常规的思维方式。心流为个体提供了一个理想的工作环境，能够最大化发挥创造性思维。

iPhone的推出过程也可以看作是一个典型的心流体验的例子。乔布斯在产品设计过程中，凭借自己对细节的极致追求，以及团队的高度协作，成功打破了手机行业的常规，创造出了革命性的产品。正是这种全身心投入的创作精神，使得苹果产品成为全球科技行业的引领者。

心流能够为创作提供巨大的推动力。当我们专注于一个任务，充分发挥自己的技能并获得即时反馈时，创造力会得到极大激发。通过理解和培养心流体验，我们能够在工作和创作中实现更多的创新和突破。

进入心流状态：在工作和生活中创造心流体验

契克森米哈赖建议，个体可以通过一系列方法来培养和进入心流状态。这些方法包括设定明确的目标、寻找适合的挑战、减少干扰和分心，以及专注于当下的任务。通过持续练习和自我调整，我们可以在日常生活和工作中创造更多的心流体验。

迪士尼的创始人沃尔特·迪士尼，在创作动画和电影时，常常进入心流状态。为了能够创造出更有创意的作品，迪士尼总是设定明确的目标，并不断挑战自己和团队，突破创新的边界。他不仅为动画行业带来了革命性的改变，也创造了一个全新的娱乐帝国。通过保持对创作的专注，他成功实现了自己设定的长期目标。

进入心流状态的关键在于创造一个能充分调动个人能力并提供挑战的环境，同时，减少外界干扰并专注于当前任务，有助于提高工作效率并增加满足感。通过长期的实践和自我调整，我们能够在各个领域中体验更多的心流状态，提升工作质量并实现更大的成就。

50 《思考，快与慢》（丹尼尔·卡尼曼）
——如何做出更合理的决策？

《思考，快与慢》是丹尼尔·卡尼曼（Daniel Kahneman）所著的一本心理学与行为经济学的经典之作，书中深入探讨了人类决策过程中的两种思维模式：系统1（快思维）和系统2（慢思维）。卡尼曼通过多年的研究，揭示了人类在日常生活中如何依赖直觉和自动反应做出决策，同时也探讨了思维偏差和错误的来源，帮助读者理解如何优化自己的决策过程。卡尼曼的工作对经济学、心理学和管理学的研究产生了深远的影响，提供了一种全新的看待人类思维的方式。

系统1与系统2：两种思维模式的区别

卡尼曼在书中介绍了两种思维模式：系统1和系统2。系统1是快速、直觉的思维模式，依赖于经验和本能反应，指人们通常在不经深思的情况下做出决定；系统2是慢速、理性且深思熟虑的思维模式，依赖于逻辑分析和推理。卡尼曼指出，虽然系统1能够在紧急情况下迅速做出决策，但也容易导致错误和偏见；系统2较为耗时，但能产生更准确的判断。

在一次银行存款的选择过程中，一位客户在面对多个银行账户选择时，依赖系统1的快速决策，仅凭印象和广告中的信息选择了看似最有吸引力的账户，而没有仔细研究账户的利率和附加费用。最终，这位客户发现他选择的账户利率并不高，且隐藏费用较多，最终导致他损失了一些潜在的利息收益。这种决策错误正是由于对系统1的过度依赖造成的。

系统1和系统2的不同思维模式在日常生活中都扮演着重要角色。理解这两种思维的运作方式，能够帮助我们在不同情境下做出更加理性和精准的决策。重要的是，虽然系统1能够带来快速反应，但我们仍然应学会在复杂的决策中调动系统2，仔细分析问题并避免常见的思维陷阱。

启发式与偏见：快速决策中的常见错误

卡尼曼揭示了人类在依赖系统1做出快速决策时，往往会受到启发式（heuristics）与偏见（biases）的影响。这些认知捷径虽然帮助我们在日常生活中节省时间，但也容易导致判断错误和决策失误。卡尼曼列举了几种常见的启发式，包括可得性启发式、代表性启发式和锚定效应。

飞机旅行中的可得性启发式是一种常见的偏见。当某人听说最近发生了一起飞机失事事故时，他可能会高估飞行的危险性，尽管从统计上看，飞行远比开车安全。由于人们更容易记住和回想起突发事件（例如飞机失事），他们的判断就会受到这些事件的影响，导致做出不理性的恐惧反应。

启发式与偏见虽然在很多情况下能够帮助我们迅速做出决策，但它也会导致错误的判断。意识到这些偏见的存在，我们可以更好地利用系统2来纠正思维中的偏差，进行更客观和理性的决策。

损失厌恶：人类对损失的敏感性

损失厌恶是指人们对损失的敏感性远高于对同等收益的敏感性。研究表明，损失的痛苦程度大约是相应收益的两倍，这种心理偏差在决策中具有深远的影响，导致人们在面对风险和不确定性时，往往做出过度保守的决策。

股市投资中的损失厌恶现象非常普遍。许多投资者在经历股市下跌后，会因为害怕损失而不敢及时卖出亏损的股票，选择继续持有，希望市场能够恢复。即使市场已经显示出恢复的迹象，他们依然因为对损失的过度敏感而拖延决策。最终，这种损失厌恶往往导致更多的亏损。

损失厌恶会让人做出非理性的决策，尤其是在面对风险时。了解这一心理偏差，可以帮助我们在生活和工作中更冷静地看待风险和收益，避免因过度恐惧损失而错失机会。

锚定效应：初始信息对决策的影响

锚定效应（Anchoring Effect）是指人们在做决策时，往往会过度依赖初始信息（或第一个获得的信息），并且这个信息会成为后续判断的"锚点"，即使后续获得的信息可能更准确或更有相关性。这个效应在很多情况下都会扭曲我们的判断。

在谈判中，如果一方首先提出一个价格，即使这个价格过高或不合理，另一方也会受到这个初始价格的影响。即使双方后续有了更多的讨论和调整，初始价格（锚点）仍然会影响谈判结果。研究表明，在这个过程中，后续的价格往往与第一轮价格紧密相关，偏离初始价格的幅度较小。

锚定效应提醒我们在决策时要警惕初始信息的影响。我们应该学会在做出决策时，尽量避免依赖不完全或主观的初始信息，而是依靠全面的数据和客观分析来做出更理性的选择。

规划偏差：过高估计自己完成任务的能力

卡尼曼还讨论了"规划偏差"（Planning Fallacy），即人们在规划项目时，常常低估完成任务所需的时间和资源，过于乐观地估计任务的完成度。即使有过去的经验表明任务经常会超出预期，依然会存在这种偏差。

　　大型建筑项目中的规划偏差非常明显。许多建筑公司在启动新项目时，通常都会低估工程所需的时间和预算，甚至忽视潜在的障碍和风险。例如，某个城市的地铁建设项目就因建筑公司低估施工时间而导致了超支，造成大幅延误。尽管历史上曾有类似的项目经验，规划偏差依然会导致决策者过于乐观，低估项目的复杂性。

规划偏差反映了人类在面临复杂任务时的认知失误。通过借助更多的数据、历史案例和第三方意见，我们可以更准确地估计任务的实际需求，并避免在规划阶段产生过度乐观的预期。

两种思维模式的平衡：有效地使用快与慢

卡尼曼提出，虽然系统1的快速反应在日常生活中非常有用，但它也容易导致决策偏差。在复杂或重要的决策中，系统2的慢思考和分析思维显得至关重要。了解这两种思维模式的优缺点，学会在不同情境下合理切换，能够帮助我们做出更加理性和准确的决策。

　　医生在诊断疾病时，通常依赖系统1的直觉和经验来快速做出判断。然而，当遇到复杂的病例时，医生需要通过系统2进行更深入的分析和讨论，借助实验结果和其他专家的意见来做出最终的诊断决策。只有两种思维模式合理结合，才能确保医生做出科学、精准的决策。

在不同的决策情境中，我们应该意识到快速直觉思维与深思熟虑的分析思维的适用性。通过平衡这两种思维模式，我们能够在生活和工作中做出更精准的决策。

附录 50本管理学巨著中英文书名对照

1.《从优秀到卓越》（［美］吉姆·柯林斯）

Good to Great: Why Some Companies Make the Leap... and Others Don't by Jim Collins

2.《卓有成效的管理者》（［美］彼得·德鲁克）

The Effective Executive: The Definitive Guide to Getting the Right Things Done by Peter F.Drucker

3.《领导力21法则》（［美］约翰·C.麦克斯韦尔）

The 21 Irrefutable Laws of Leadership by John C. Maxwell

4.《领导梯队》（［美］拉姆·查兰、［美］斯蒂芬·德罗特、［美］詹姆斯·诺埃尔）

The Leadership Pipeline: How to Build the Leadership Powered Company by Ram Charan, Stephen Drotter and James Noel

5.《领导力：如何在组织中成就卓越》（［美］詹姆斯·M.库泽斯、［美］巴里·Z.波斯纳）

The Leadership Challenge: How to Make Extraordinary Things Happen in Organizations by James M.Kouzes and Barry Z.Posner

6.《创新者的窘境》（［美］克莱顿·克里斯坦森）

The Innovator's Dilemma: When New Technologies Cause Great Firms to Fail by Clayton M.Christensen

7.《决断力：如何在生活与工作中做出更好的选择》（［美］奇普·希思、［美］丹·希思）

Decisive: How to Make Better Choices in Life and Work by Chip Heath and Dan Heath

8.《离经叛道》（［美］亚当·格兰特）

Originals: How Non-Conformists Move the World by Adam Grant

9.《反脆弱》（［美］纳西姆·尼古拉斯·塔勒布）

Antifragile: Things That Gain from Disorder by Nassim Nicholas Taleb

10.《一分钟经理人》（［美］肯·布兰查德、［美］斯宾塞·约翰逊）

The One Minute Manager by Ken Blanchard and Spencer Johnson

11.《重新定义团队：谷歌如何工作》（［美］拉兹洛·博克）

Work Rules! Insights from Inside Google That Will Transform How You Live and Lead by Laszlo Bock

12.《精益创业》（［美］埃里克·莱斯）

The Lean Startup: How Today's Entrepreneurs Use Continuous Innovation to Create Radically Successful Businesses by Eric Ries

13.《一网打尽：贝佐斯与亚马逊时代》（［美］布拉德·斯通）

The Everything Store: Jeff Bezos and the Age of Amazon by Brad Stone

14.《文化密码》（［美］丹尼尔·科伊尔）

The Culture Code: The Secrets of Highly Successful Groups by Daniel Coyle

15.《沃尔玛效应》（［美］查尔斯·费什曼）

The Wal-Mart Effect: How the World's Most Powerful Company Really Works--and How It's Transforming the American Economy by Charles Fishman

16.《论浑人》（［美］罗伯特·萨顿）

The No Asshole Rule: Building a Civilized Workplace and Surviving One That Isn't by Robert Sutton

17.《团队协作的五大障碍》（［美］帕特里克·兰西奥尼）

The Five Dysfunctions of a Team: A Leadership Fable by Patrick Lencioni

18.《第五项修炼》（［美］彼得·圣吉）

The Fifth Discipline: The Art & Practice of the Learning Organization by Peter Senge

19.《不拘一格：Netflix 和重塑文化》（［美］里德·哈斯廷斯）

No Rules Rules: Netflix and the Culture of Reinvention by Reed Hastings

20.《高效的秘密》（［美］查尔斯·杜希格）

Smarter Faster Better: The Secrets of Being Productive in Life and Business by Charles Duhigg

21.《竞争战略》（［美］迈克尔·波特）

Competitive Strategy: Techniques for Analyzing Industries and Competitors by Michael Porter

22.《蓝海战略》（［韩］W.钱·金、［美］勒妮·莫博涅）

Blue Ocean Strategy: How to Create Uncontested Market Space and Make the Competition Irrelevant by W. Chan Kim and Renée Mauborgne

23.《策略思维》（［美］阿维纳什·K.迪克西特、［美］巴里·J.奈尔伯夫）

Thinking Strategically: The Competitive Edge in Business, Politics, and Everyday Life by Avinash K.Dixit and Barry J.Nalebuff

24.《基业长青》（［美］吉姆·柯林斯、［美］杰里·波勒斯）

Built to Last: Successful Habits of Visionary Companies by Jim Collins and Jerry Porras

25.《好战略，坏战略》（［美］理查德·鲁梅尔特）

Good Strategy Bad Strategy: The Difference and Why It Matters by Richard Rumelt

26.《无国界的世界》（［日］大前研一）

The Borderless World: Power and Strategy in the Interlinked Economy by Kenichi Ohmae

27.《执行》（［美］拉里·博西迪、［美］拉姆·查兰、查尔斯·伯克）

Execution: The Discipline of Getting Things Done by Larry Bossidy, Ram Charan and Charles Burck

28.《商业模式新生代》（［瑞士］亚历山大·奥斯特瓦德、［比利时］伊夫·皮尼厄）

Business Model Generation: A Handbook for Visionaries, Game Changers, and Challengers by Alexander Osterwalder，Yves Pigneur

29.《长尾理论》（［美］克里斯·安德森）

The Long Tail: Why the Future of Business is Selling Less of More by Chris Anderson

30.《逆转》（［加］马尔科姆·格拉德威尔）

David and Goliath: Underdogs, Misfits and the Art of Battling Giants by Malcolm Gladwell

31.《从0到1》（［美］彼得·蒂尔、［美］布莱克·马斯特斯）

Zero to One: Notes on Startups, or How to Build the Future by Peter Thiel，Blake Masters

32.《跨越鸿沟》（［美］杰弗里·摩尔）

Crossing the Chasm: Marketing and Selling High-Tech Products to Mainstream Customers by Geoffrey A.Moore

33.《定位》（［美］艾·里斯、［美］杰克·特劳特）

Positioning: The Battle for Your Mind by Al Ries and Jack Trout

34.《增长黑客》（［美］肖恩·埃利斯、［美］摩根·布朗）

Hacking Growth: How Today's Fastest-Growing Companies Drive Breakout Success by Sean Ellis, Morgan Brown

35.《疯传》（［美］乔纳·伯杰）

Contagious: How to Build Word of Mouth in the Digital Age by Jonah Berger

36.《影响力》（［美］罗伯特·B.西奥迪尼）

Influence: The Psychology of Persuasion by Robert B.Cialdini

37.《紫牛》（［美］赛斯·高汀）

Purple Cow: Transform Your Business by Being Remarkable by Seth Godin

38.《顾客为什么购买》（［美］帕科·昂德希尔）

Why We Buy: The Science of Shopping by Paco Underhill

39.《引爆点》（［加］马尔科姆·格拉德威尔）

The Tipping Point: How Little Things Can Make a Big Difference by Malcolm Gladwell

40.《IDEO，设计改变一切》（［英］蒂姆·布朗）

Change by Design: How Design Thinking Transforms Organizations and Inspires Innovation by Tim Brown

41.《高效能人士的七个习惯》（［美］史蒂芬·柯维）

The 7 Habits of Highly Effective People: Powerful Lessons in Personal Change by Stephen R.Covey

42.《深度工作》（［美］卡尔·纽波特）

Deep Work: Rules for Focused Success in a Distracted World by Cal Newport

43.《如何把产品做到最好》（［美］斯科特·贝尔斯基）

The Messy Middle: Finding Your Way Through the Hardest and Most Crucial Part of Any Bold Venture by Scott Belsky

44.《掌控习惯》（［美］詹姆斯·克利尔）

Atomic Habits: An Easy & Proven Way to Build Good Habits & Break Bad Ones by James Clear

45.《全力以赴》（［美］吉姆·洛尔、［美］托尼·施瓦茨）

The Power of Full Engagement: Managing Energy, Not Time, is the Key to High Performance and Personal Renewal by Jim Loehr and Tony Schwartz

46.《搞定：无压工作的艺术》（［美］戴维·艾伦）

Getting Things Done: The Art of Stress-Free Productivity by David Allen

47.《精要主义》（［英］格雷格·麦吉沃恩）

Essentialism: The Disciplined Pursuit of Less by Greg McKeown

48.《没有借口》（［美］布赖恩·特雷西）

No Excuses! The Power of Self-Discipline by Brian Tracy

49.《心流》（［美］米哈里·契克森米哈赖）

Flow: The Psychology of Optimal Experience by Mihaly Csikszentmihalyi

50.《思考，快与慢》（［美］丹尼尔·卡尼曼）

Thinking, Fast and Slow by Daniel Kahneman